MANGA **MINI BASKETBALL** PRIMER

讓你技巧進步的
漫畫圖解籃球百科

就是愛打籃球！

漫畫◈松野千歌

編劇◈Office Idiom

監修◈鈴木良和〈ERUTLUC〉

翻譯◈陳姿瑄

審訂◈王承文

前言

大家好，這本書出版的目的，就是為了幫助有意開始打少年籃球，以及想精進籃球技巧的各位小朋友。

籃球這種運動，必須要用手控制球，順暢地做出各種動作。籃球技巧十分複雜，需要經過一番努力才能學會；但是相對的，比方說在比賽中投籃投進、運球過人的時候，也能盡情享受「我做到了！」的感動，這就是籃球的醍醐味。比賽中有許多投籃的機會，越常打籃球就越能感受到樂趣，這也是籃球的魅力。

在這本書中，會解說練習時該以什麼為重點，才能有效鍛鍊技巧。若可以讓各位球員都能感受到，學會原本做不到的技巧是何等的喜悅，這樣我就很欣慰了。目標是成為「能力所及最好的自己」，每天盡最大的努力練習吧！

米 鈴木良和

﹡ERUTLUC股份有限公司：以作育英才為己任的企業。目標是培養兒童體育專家，打造優良環境，幫助小朋友透過運動，找到能力所及最好的自己。

登場人物

MANGA **MINI BASKETBALL** PRIMER

 間宮優

可魯貝洛斯的選手。擅長投籃，但個性稍嫌懦弱。

信道大希

可魯貝洛斯的選手，技巧高超的組織進攻者。

 白鳥翼

可魯貝洛斯的選手，隊上最努力的球員，並為一輝特訓。

 鈴木教練

可魯貝洛斯的教練，教導了初學者一輝精進技巧的訣竅。

速山一輝

從沒打過少年籃球，但為了與綠川陸也當朋友，因而加入少年籃球可魯貝洛斯俱樂部。

綠川陸也

少年籃球界的知名強隊蓋亞斯的核心選手，身材高大，個性冷靜。

 空

可魯貝洛斯俱樂部女籃隊的隊長，很希望同俱樂部的男籃隊能變強。

目次

陸也！

陸也人呢？

南臺小學五年級
速山一輝

今天你一定要
和我做朋友！

哇啊！

南臺小學五年級
間宮優

．．．．．．

找到你了，
陸也！

南臺小學五年級
綠川陸也

一輝？

跑得
還真快──

6

「只要握過手就是朋友」這是我的信條！

我絕對要和你變成朋友！

……

什麼!?

轉身就走

一輝，你放棄吧！陸也同學他……很可怕欸……

優。

他才不可怕呢！個子那麼高，看起來又很酷！

他是我的偶像！

陸也，等等我啊！

跑

咚

咻

一輝，危險啊！

咻

咚

咚

抬頭

咦！

對不起！

啪啦

啪啦。

還……
還好沒事……

呼

快步

走開

自己
小心
點。

9

一輝，你沒受傷吧？

籃球？

滾滾

超級帥的啊！籃球！

優……我一定要學會打籃球。

咦？

我叫速山一輝。

我有事想問你......請不要干擾我們練習!

......

南臺小學六年級
隊長
空

繼續練習!

隊長......

......

長傳要過去嘍！

嘿！陸也在哪裡啊？

咚

咘

13

不會吧！

那家伙，剛才只用短短一瞬間……就跑到另一頭了！

跟我說嘛！

陸也人呢？人呢？

嘩 嘩

陸也？

他加入的是別的球隊喔！

什麼！是這樣啊……

震驚

打擾你們練習了，真抱歉。

等一下！

垂頭喪氣

你以為我會眼睜睜放你回去嗎？

轉 轉 轉

這就是繞球！

你看起來像沒打過籃球，所以我們就比最基礎的繞球吧！

好厲害！

嗚喔喔

好了，大概就是這樣。接下來輪到你了。

至少轉個五十次給我看吧！

哼哼

好～

咚

嗚～啊！！

滑

嗚啊！

啊！

啪

16

完全做不到！

放棄

平時要常常接觸球，用手去記住球感。重點就是不要多想，快速繞過去就對了。

我們的女籃隊是全國知名的強隊，你輸了也不奇怪啦！

怎麼樣？你就乖乖認輸如何？

南臺小學六年級
白鳥翼

哎呀

沒想到你還挺乾脆的。

是我輸了。

我願意加入球隊。

伸

哎…

朋友？

這樣我們就是朋友了！

緊握

太棒啦！我要打贏陸也的球隊，然後和他變成朋友。

閃亮亮——

告訴你一個好消息，我們有時也會和陸也的球隊比賽喔！

真的嗎？

轟轟轟轟 轟轟

嗚喔喔喔喔喔！

好厲害！你學會繞球了，一輝！

18

唉呀！果然還是不行啊。

......

那傢伙......是誰啊？

南臺小學六年級
瀨名草汰

懶散 懶散

誰知道。

好啦，各位，請練習一下吧！

代理教練

......

這支隊伍需要的是，

像那傢伙這種眼神閃閃發光的人。

控球

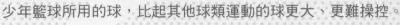

少年籃球所用的球，比起其他球類運動的球更大、更難操控。
所以首先，要常常接觸球，培養球感。

享受掌控（接
觸）球的感覺。

· ·

打好籃球的第一步，
就是培養球感。希望大家都能享受
接觸（掌控）球的樂趣。

該怎麼做，
才能學會熟練控球？

 控球 **1**

繞球

讓球繞過腰部周圍或腿部周圍。
要練到往左往右都能繞得很順。

腰部繞球

拿著球，雙腳打開。
雙手輪流前後繞圈持
球，讓球繞著腰部一
圈。往右繞與往左繞
都要練習。

 腿部繞球

雙腳前後打開，讓球繞過腿。
往右繞與往左繞都練熟之後，
前後腳交換，改成讓球繞另一腿。

控球2
換位接球

將球拿在雙腿之間，雙手迅速換位接球，不要讓球落地。
努力練到能以一秒做二至三次的速度換位接球。

前後換位接球

將球拿在身體前方，雙腳打開。讓球穿過胯下，來回拋擲，雙手也輪流前後換位接住球。

這是重點！

不要看球！

抬起頭，不要看球。

從側面看

交錯換位接球

一手在前，一手在後，右手和左手交錯換位接住球。

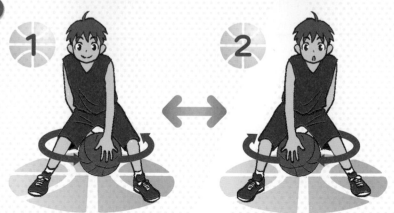

控球3
前後拋接球

持球的手繞到背後，將球拋過肩，用另一隻手在胸前接住球。要練到不用移動腳步就能接到球。

 **右手拋，左手接**

這是重點！

肩膀保持柔軟

拋球時，記得肩膀保持柔軟，讓手臂能夠往上舉。

持球的右手繞到背後。

運用手肘與手腕力量，將球往上拋。

雙手接住從背後越過肩膀落到身前的球。

 **左手拋，右手接**

持球的左手繞到背後。

運用手肘與手腕力量，將球從背後往上拋到身體前方。

習慣後，練習用單手接住越過肩膀落到身前的球。

控球4 背後接球

首先，從胸前將球高高往上拋，在背後接住球。
接下來，換成從背後把球高高往上拋，在胸前接住球。
要練到不用移動腳步就能接到球。

從胸前拋到背後

這是重點！
在腦中想像球離開視線範圍後的軌跡！

就算看不到球，接球時也要想像球的移動方向。

從背後拋到胸前

這是重點！
運用手腕力量高高拋起！

手腕迅速向上挑起，將球高高往上拋。

1

2

──── 不要移動腳步。 ────

將球拿在胸前，高高往上拋。
抬起頭，預測球落下的位置，
手伸到背後接住球。

接到球後，
保持這個姿勢將球高高往回拋，
在胸前接住球。

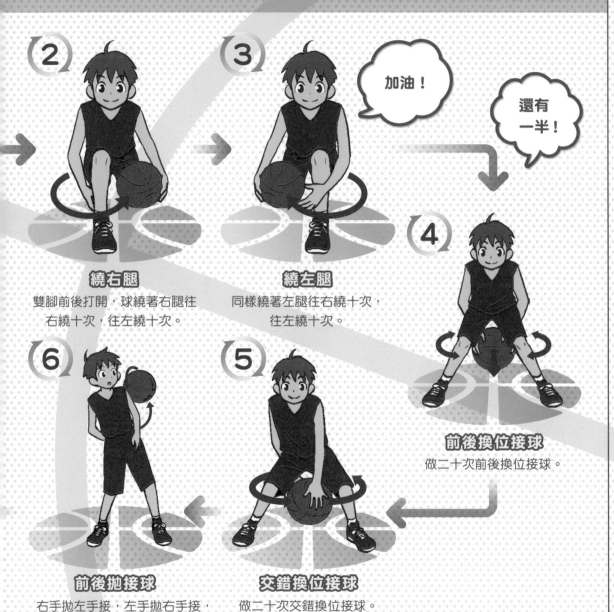

2 繞右腿

雙腳前後打開，球繞著右腿往右繞十次，往左繞十次。

3 繞左腿

同樣繞著左腿往右繞十次，往左繞十次。

加油！

還有一半！

4 前後換位接球

做二十次前後換位接球。

6 前後拋接球

右手拋左手接，左手拋右手接，輪流做五次。

5 交錯換位接球

做二十次交錯換位接球。

挑戰控球練習競速比賽！

請教練或隊友用計時器幫忙計時。低年級以七十五秒內完成為目標，高年級則以六十秒內完成為目標。

開始！

①

繞腰
往右繞十次，往左繞十次。

結束！

⑦

背後接球
從胸前拋到背後接住球一次。

要謹慎！

⑧

背後拋回
從背後拋球，在胸前接住，練習到此結束。

持球的姿勢 1
三重威脅姿勢

Question Q

持球的正確姿勢
是什麼？

三重威脅姿勢，就是
「可以造成對手三種不同威脅的姿勢」。
從這個姿勢，隨時都可以迅速轉換到
投籃、傳球、運球這三種行動。

A Answer

要學會能夠迅速轉換到
下個動作的三重威脅姿勢。

在籃球中，持球的
基本姿勢叫做三重威脅姿勢。
這個姿勢是籃球的一切基礎。

從側面看

這是重點!
持球時手臂保
持彎曲！

手臂保持彎曲，
就能迅速傳球或
投籃。

這是重點!
肩膀、膝蓋、腳尖
在同一直線上！

記得將腳尖、膝蓋、
肩膀維持在同一直線
上。

這樣 不行!

常見的不良姿勢

膝蓋打直

膝蓋打直，會無
法迅速跳起。記
得膝蓋要彎曲，
壓低重心。

肩膀前傾

肩膀過於前傾，會
無法保持平衡，無
法迅速出手。記得
不要駝背。

01

🏀 三重威脅的基本姿勢

從正面看

傳球

腳迅速往前踏，
傳球出去。

投籃

迅速跳起投籃。

運球

迅速運球突破。

☝這是重點！
膝蓋彎曲，壓低
重心！

膝蓋彎曲，腰部下
壓，重心放低，這
樣就能快速切換到
接下來的動作。

☝這是重點！
球拿在遠離對手的
那一側！

記得將球拿在遠離對
方球員的那一側，以
免球被搶走。

雙腳與肩同寬。

持球的姿勢 2
旋轉步

在籃球中，持球走三步以上就會構成走步違例，由對方球隊取得控球權。
因此，學會「旋轉步」這個步法就很重要了。
旋轉步是以踏出的第一隻腳為軸心腳，僅自由移動另一隻腳，
只要軸心腳不離開地面，踏出的腳步就不計入步數內，所以不會違例。
讓我們來學習往正面旋轉的前轉，與往背後旋轉的後轉，這二種旋轉步吧！

前轉

以左腳為軸心腳，往身體正面旋轉。

膝蓋彎曲，腰部下壓。

球拿在遠離對方球員的那一側。

自由腳①（第2步）

軸心腳（第1步）

自由腳②（第2步）

從上往下看

自由腳①

自由腳②

軸心腳

這樣十才行！ 旋轉步中常見的違例案例

改變軸心腳即構成走步

以踏出的第一隻腳當軸心腳，僅第二隻腳自由移動的旋轉步不算走步，但要是軸心腳移動位置，或是中途改變軸心腳，都會構成走步違例。

✕

🏀 **後轉**

以左腳為軸心腳，往背後旋轉。

膝蓋彎曲，腰部下壓。

球拿在遠離對方球員的那一側。

自由腳② （第2步）

軸心腳 （第1步）

自由腳① （第2步）

從上往下看

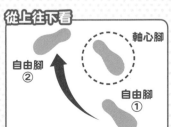

軸心腳

自由腳 ②

自由腳 ①

煩惱

沒有辦法熟練控球……

練習法攻略!

練習靈活運用手臂!

手臂的動作太大,就無法靈活控球。透過掌控球心、不讓球落地的練習,學會靈活運用手臂的控制力。

以球頂球,保持平衡

手中拿球,請別人再放一顆球上去,保持平衡,小心不要讓球落地。

球要拿在胸前。

習慣以後試著走動看看!

用手臂與指尖的靈活動作掌控球心,並牢牢記住這種感覺!

少年籃球小百科

Q1

接到球後,走幾步以上會構成違例?

答案在 P.33。

第1章
開始打少年籃球吧！

 讓球在手臂上滾動

將球放在手背上，保持平衡不要讓球落地，接著讓球在手臂上滾動。

1 讓球在手臂上滾動，從手背滾到肩膀。

2 球滾到肩膀後，再往回滾到手背。

球保持在手背上

將球放在手背上，保持平衡不要讓球落地，同時做出揮動手臂、走動等動作。

1

將球放在手背上。

2

手背頂著球，手臂左右擺動。

如何才能培養出色的運動神經呢？

🏀 打籃球所需的基礎體力

十歲到十二歲的學童處於「成長黃金期」，這是身體神經系統最為發達的時期。在這段時期，可以短時間內學會運動技巧，學到的技巧一直到長大成人都不會忘記。趁這段期間，透過各種訓練學會活動身體的方式吧！

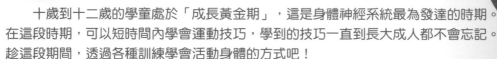

○ 培養運動神經的訓練

○ 鍛鍊下盤穩定與平衡感

◎ **平衡感相撲**

1

二人面對面，彼此左腳腳尖相抵，右手互握。

⬇

2

雙方互拉，腳先離地的那一方就輸了。也可以換另一隻手和腳再試試看。

○ 鍛鍊判斷力與腳的反應速度

◎ **猜拳踩腳**

1

二人面對面，一腳前一腳後，保持彼此的右腳腳尖平行，然後猜拳。

⬇

2

猜拳贏的人就用後腳踩對手的前腳，而輸的人要迅速把腳往後縮。可以左右腳互換再試試看。

鍛鍊上半身與下半身分別做出不同動作的能力

◎ 拍手蹦跳

拍手蹦跳這種運動，就是一邊蹦跳，一邊在身體的前、上、後方拍手。

首先，先練習一邊蹦跳，一邊在身體前後方拍手二次的拍手蹦跳。

按照後→後→前→前的順序，有節奏地拍手吧！

1	2	3	4
左腳→前　手→後	右腳→前　手→後	左腳→前　手→前	右腳→前　手→前

8	7	6	5
右腳→前　手→前	左腳→前　手→前	右腳→前　手→後	左腳→前　手→後

更上一層樓的 練習法！

挑戰不同的節奏

習慣上面拍手二次的拍手蹦跳
練習後，再試著挑戰複雜一點
的節奏。只要多加練習，一定
能辦得到。

各種節奏

1. 腳→蹦跳　手→前後方各拍一次手
2. 腳→蹦跳　手→前、上、後方各拍一次手
3. 腳→蹦跳　手→前後方各拍三次手

Q1 的答案 3步，持球走3步以上，就構成走步違例。

第2章 練好傳球！

啪 咚 嘰

嘿咻！

南臺小學六年級
段田彈

唉！除了那個人以外。

那些男生又不認真練習⋯⋯

⋯⋯⋯

南臺小學五年級
信道大希

真是的，段田你丟準一點啦！

啊！瀨名，抱歉啊！

好——傳球過來吧！

34

撞

好痛！
吃蘿蔔乾了！

啊哈哈哈哈，接球的時候要用手掌接。

抱歉喔！

……白鳥學長

哈哈哈。

撞

哇！又吃蘿蔔乾了。

啊哈哈哈，那幾個人真好笑。

明明不管再怎麼努力，我們男籃隊也不可能變強啊！

唉！要是鈴木教練在……

代理教練！

嗯？信道，怎麼了嗎？

這種低水準的球隊，我再也待不下去了。

我今天就要離開這支球隊。

信道！

他說我們低水準！

……感覺有點受傷

啊哈哈哈

他為什麼突然要離開？

他爸是有名的職業籃球選手，所以他的自尊心也很高吧……

真的嗎？好棒喔！

可是，他已經說要離開俱樂部了。

好！我要和信道做朋友！

閃亮 閃亮 閃亮

…

…

啊哈哈！你這個人真有趣。

是啊

信道就拜託你啦！一輝。

摸摸 摸摸 摸摸

我要和他成為朋友，再次把他拉回隊裡！

宣言

早安，信道！來打籃球吧！

是你啊⋯⋯

不好意思，我不會再回可魯貝洛斯了。

⋯⋯

和你們這些人一起打籃球，我可受不了。

我才不會因為這樣就放棄！

轟轟 轟轟

38

可魯貝洛斯的各位，你們有沒有活力十足地打籃球啊？

唰

鈴木教練！

咦，他誰啊？

教練回來了～！

鈴木教練！

不會不會～

我不在的這段期間，謝謝你幫忙照顧這支隊伍。

鈴木教練是知名籃球教練，國外的球隊甚至還特地邀請他去指導籃球喔！

喔～

BASKETBALL
SUZUKI
Japan

怎麼我才離開半年，回來就看到你們一副有氣無力的樣子？

大家都是因為喜歡籃球才會加入俱樂部吧？只要有這份心，就能夠變強！

提起幹勁吧！

是……是的！

鈴木教練！

好帥啊！

先來練習傳球吧！

啪

41

傳球注重的是速度、方向、時機，還有接球的技巧！

只有一個人是無法傳球的，團隊合作很重要喔！

傳球就是團隊合作！

幾天後

砰

我不打算和不認真打籃球的人混在一起。

咚
咚

砰

啊

……自製的籃框。

看那籃框破爛成這樣，你一定很認真練習……

信道果然還是很喜歡籃球吧……

既然你這麼熱愛籃球，為什麼要退出俱樂部呢？

44

聽你這個才剛開始打籃球沒多久的初學者胡說八道，

我的自尊心可不會容許我聽過就算了。

你加入可魯貝洛斯之前，男籃隊只有九個人。所以除非找個臨時替補，不然就無法打比賽。

於是比賽的次數自然就不多了，再加上令人敬重的教練也不在隊裡，整支隊伍就越來越沒幹勁……

相較之下，同俱樂部的女籃隊卻享譽全國。

我的自尊心才不容許我繼續待在那種隊伍裡……

聽說信道你的父親這次會參加世界大賽呀？

你也要像你父親一樣努力才行喔！

砰

!?

…………

你幹麼啊……

而且……

我很輕鬆就能接到這顆球！這傢伙……幾天前明明還完全不會傳球。

傳球的速度和傳到的位置，竟然進步了這麼多！

他的球……

46

段田，不錯喔！傳球的時候記得把手肘打直！

噼

呼
啪

呼
啪

是！

看來可魯貝洛斯有希望變回一支好隊伍。

是呀。

南臺可魯貝洛斯，現在以他為中心凝聚起來了。

讓他加入隊伍果然是正確的。

好痛～～

又吃蘿蔔乾了～

傳球和接球的基礎

若不能穩穩接住球，就無法銜接到下個動作，
還可能被對手搶走球。讓我們學會正確的接球與傳球技巧吧！

A Answer

接球時記得雙手朝下！

接球的正確姿勢是雙手朝上，
但不見得總是傳來在胸口高度的球。
當傳來高度在胸口以下的球，
就要馬上雙手朝下以便接球。

Q Question

高度在胸口以下的球該怎麼接？

 接球的姿勢

膝蓋微彎，腰部壓低，
雙手掌心面對著球，
做好準備動作。

腰部下壓。

這是重點！

掌心要朝著球！

手掌彎成球的弧度，掌
心正面朝著球，就能將
球牢牢接住。

膝蓋彎曲。

這樣不行！

指尖的方向

指尖朝著球

接球時用指尖接觸球，很容易造成手
指挫傷。

高度在胸口以下的球的接法

高度在胸口以下的球，接球的手勢是雙手小指相抵，手朝下接住。

高度在胸口以上的球的接法

高度在胸口以上的球，接球的手勢是雙手拇指相抵，手朝上接住。

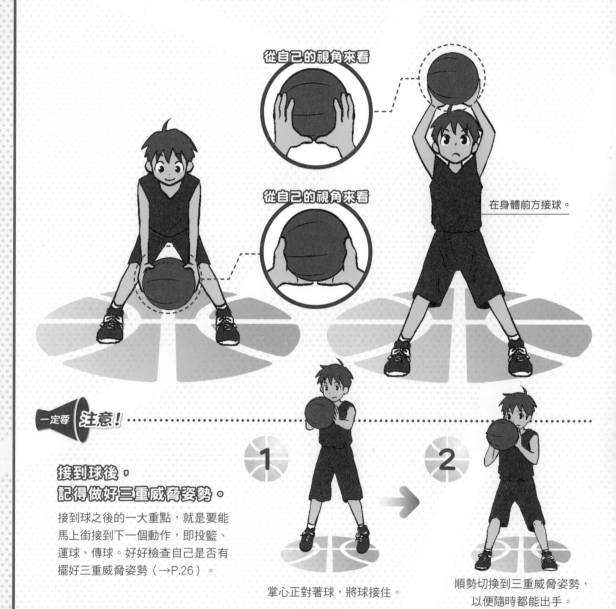

從自己的視角來看

從自己的視角來看

在身體前方接球。

一定要 注意！

接到球後，記得做好三重威脅姿勢。

接到球之後的一大重點，就是要能馬上銜接到下一個動作，即投籃、運球、傳球。好好檢查自己是否有擺好三重威脅姿勢（→P.26）。

1 掌心正對著球，將球接住。

2 順勢切換到三重威脅姿勢，以便隨時都能出手。

傳球出去時，
手臂要向內翻！

傳球的重點就是筆直精準，
最能精準傳到定點的就是「胸前傳
球」。這種在擲球時手臂向內翻的
傳球方式，能使球筆直往前飛喔！

將球筆直傳出的訣竅
是什麼？

🏀 胸前傳球 1

基本傳球「胸前傳球」的姿勢

兩膝微彎，手與手臂都各自呈三角形。

從正面看

球的頂端與
鼻子同高。

這是重點！

雙手形成三角形

雙手的食指與拇
指形成三角形，
穩穩拿著球。

這是重點！

手臂不要夾太緊

持球的手臂不要夾的
太緊，要張開呈現三
角形的形狀。

從側面看

這是重點！

兩膝彎曲

預備動作時記得兩膝
微彎，重心壓低。

雙腳與肩同寬。

 **胸前傳球2**
傳球的方式

想傳出筆直的球，
重點就是傳球時手臂要向內翻。

1 持球時兩肘張開呈三角形，
將傳球目標設定在對方的胸口。

2 向前伸臂，手臂朝內側翻轉
（掌心朝外），並傳出球。

> 這是重點！
>
> **雙手內側翻轉**
>
> 傳球時雙手要向內
> 側翻轉，使雙手手
> 背相對，這樣球就
> 會筆直往前飛。

3 傳出球後，拇指指向地面，
食指則指向傳球的方向。

 注意！

檢查自己的手肘
是否張得太開

傳球時，手肘若張得太開，
力道就難以傳到球上，無法
傳出強勁而精準的球。千萬
別忘記手肘張開的角度要呈
現三角形。

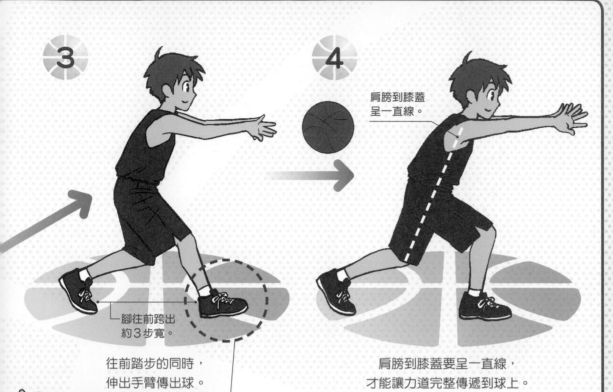

3 往前踏步的同時，
伸出手臂傳出球。

腳往前跨出
約3步寬。

4 肩膀到膝蓋
呈一直線。

肩膀到膝蓋要呈一直線，
才能讓力道完整傳遞到球上。

這是重點!

運用踏步的作用力加強球的威力！

手臂伸出時，要把向前跨步的作用力
完全帶到球上，再傳出球。

這樣**不行!**

注意沒踏出的那隻腳

後腳離地

如果後腳在擲出球後
離地，就會構成走步
違例，要小心。

少年籃球小百科

Q2

少年籃球的一場比賽中，
一支隊伍必須要有多少個
選手上場比賽？

答案在P.65。

🏀 胸前傳球 ③
快速傳球的方式

傳球速度越快，就越不容易被對方球員抄截。
讓我們來練習運用往前跨步的作用力，
傳出迅速的球吧！

擺出胸前傳球的姿勢。
雙手與手臂各自呈現一個三角形（→P.54）。

注意不要改變頭的高度，
保持身體前傾的姿勢跨出一隻腳。

 注意！

檢查身體是否
有後仰的情況

想傳出快速的球時，很容易因為
太過用力導致身體後仰。為了讓
力道傳遞到球上，保持前傾的姿
勢是一大重點。

後仰　　　　　　前傾

胸前傳球4
傳球給移動中的人

預測對方的行動,
再將球傳到對方不用放慢速度也能接到的位置。

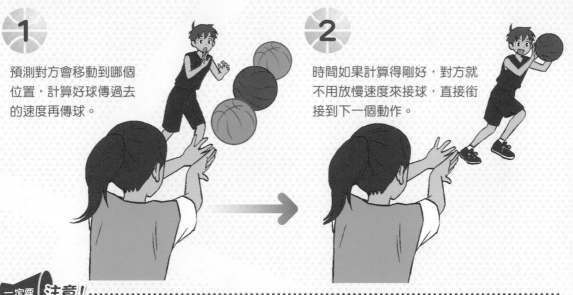

1

預測對方會移動到哪個
位置,計算好球傳過去
的速度再傳球。

2

時間如果計算得剛好,對方就
不用放慢速度來接球,直接銜
接到下一個動作。

一定要 注意! ⋯⋯⋯⋯⋯⋯⋯⋯⋯⋯⋯⋯⋯⋯⋯⋯⋯⋯⋯⋯⋯⋯⋯⋯⋯⋯

確定好傳球的方向與速度

先預測好對方移動的速度、傳球的方向、球傳過去的速度,將球傳到能讓對方順利銜接到下一
個動作的位置。透過反覆練習,就能掌握傳球的時機。

❌ · 傳得太近
　· 球的速度太慢
　↓
傳到的球位置偏後

接球位置偏後,接球者就
必須放慢速度來接球。

❌ · 傳得太遠
　· 球的速度太快
　↓
傳到的球位置偏前

對方無法接到傳球,導致
被對方球員抄截。

第2章
練好傳球！

練習從運球迅速切換到傳球

為了迅速將球傳給跑動中的人，從運球狀態快速切換到準備傳球。

1 用力拍球，以便迅速從運球切換到傳球。

2 注意對方的跑動狀況，並用雙手接住被用力拍起的球，同時向前跨步。

3 跨步的同時迅速傳球。

🏀 **簡單明瞭的小教學** ——— MANGA **MINI BASKETBALL** PRIMER

確認 傳球姿勢

再來看一次傳球基礎，也就是胸前傳球的姿勢，用正確姿勢傳出準確的球吧！

身體的角度
肩膀、腰部、膝蓋呈一直線。

持球的方式
雙手與手肘各自形成三角形。

手的動作
手往內側翻轉，使雙手手背相對。

跨步
腳用力往前跨步，才能傳出強勁的球。

腳尖
不能離地。

單手傳球

並非從正面，而是從身體外側傳出球時，
就用單手傳球。

擲球的手順勢伸直，
將球推出去。手臂要向前推到底，
食指指向傳球方向。

1

準備擲球的那一隻
手掌心正對傳球方
向，雙手持球舉到
胸口高度。

2

手臂向前伸
到底。

這是重點!

想像成把球從口袋
裡掏出來。

傳球的時候，可以想
像成把球從褲子口袋
裡掏出的感覺。

地板傳球

地板傳球就是先讓球在地面反彈一次，再傳到隊友手中的傳球。
用在近距離傳球的時候。

1 運用地板傳球，讓球大約在對方球員
的腋下下方觸地。

2 練習讓觸地反彈的球正好彈到隊友
能接到的位置。

各種傳球
單手傳球與肩上傳球

傳球的重點之一，就是要能從各種位置傳出球。讓我們來學單手傳球與肩上傳球，以便能隨時隨地傳球。

 肩上傳球　　單手舉到肩上傳出球的肩上傳球，適用於隊友在遠處的時候。

球高舉到耳邊。

這是重點！
食指指向傳球方向！

球離手的時候，食指要指向傳球方向，拇指則指向地面。

這樣不行！
常犯的錯誤擲球方式

不要過於大幅擺動手臂

過於大幅擺動手臂會無法迅速傳出球，所以手臂往後拉的幅度不要超過耳朵後方。

1 腳尖朝傳球方向跨出一步，迅速擲出球。

2 擲出球後的跟隨動作（手臂的動作），手臂不要直直往前伸到底，食指指向傳球方向。

更上一層樓的
練習法！

過頂傳球　　過頂傳球就是越過對方球員頭頂，傳給隊友的傳球。
　　　　　　　　適用於對方球員擋在中間，要將球傳到遠處的時候。

1 讓對方球員站在中間，用肩上傳球的技巧傳出過頂傳球。

2 練習讓球越過對方球員頭頂後，能落在隊友正好能接到的位置。

煩惱

手指力量不夠，沒辦法傳出快速的球……

 練習法攻略!!

多多鍛鍊手指力量！

手指力量不夠，就無法強而有力地將球推出去，
也就不能傳出快速的球。
平時必須多多鍛鍊手指的力量。

來做手指力量訓練吧！　用這三種訓練方式鍛鍊手指的力量。

互推

雙手指尖以指腹相貼，互相推擠的訓練。
每一隻指頭都要使勁往前推。

互拉

雙手手指勾在一起，然後互拉的訓練。
緊緊勾住以後就用力互拉。

保持五指豎起的姿勢

在伏地挺身的狀態下雙手五指撐地，
支撐住全身體重並保持平衡。
記得數數，練習慢慢加長時間。

善用這些在家也能做的訓練，鍛鍊手指的力量吧！

第2章
練好傳球！

煩惱

沒辦法順利接住球速快的傳球……

練習法攻略！

練習先拍球一次再接住！

面對看起來不容易接住的快速傳球，不要硬接，
先拍一次球，再接住反彈回來的球就行了。

拍球一次再接球　　練習拍球一次再將球接住。

1

掌心正對著球

掌心朝向對方，
擺好正確的接球姿勢。

2

拍球

請對方傳出快速
的球，接著一手
將球拍落地面。

3

接住反彈回來的球

善用各種步法，
跨步接住觸地彈
起的球。

4

**切換到能銜接
下個動作的
基本姿勢**

接住球後，切換到
三重威脅姿勢。

沒辦法順利接住從遠處傳過來的球……

練習法攻略!

練習移動腳步去接球!

有些人無法好好接住離自己有段距離的球,
大多因為未善用步法,僅伸手去接球。
練習善用腳步的移動,因應從上下左右傳來的球吧!

移動腳步去接球　　養成習慣,學會因應傳球,迅速採取行動。

1　做好基本姿勢

負責傳球的人要變換各種球路與
力道,快速傳出球。

2　善用步法

不能只將手伸往球傳來的方向,
必須運用步法,身體往球的
方向移動。

3　移動整個身體去接球

迅速跨出腳步,移動整個身體去
接球。

4　切換到能銜接下一個動作的基本姿勢

養成習慣,接到球後馬上做好三重威脅
姿勢。

受傷時的緊急處理措施是什麼？

🏀 受傷時的正確緊急處理措施

和隊友一起感！
中場休息
HALF TIME

在練習與比賽中，可能會遇到手指挫傷、腳扭到等各種受傷情形。所以，讓我們來學習正確的緊急處理措施吧！運動中受傷時，基本的緊急處理措施就是「RICE急救法」。

○ 何謂RICE急救法

受傷後馬上實施RICE急救法，可以減少發炎、腫脹等症狀，對於減緩疼痛十分有效。RICE急救法共有四個要點，此名稱就是由這四個要點的英文字首所組成。

○ Rest（休息）

用運動貼布、木板等固定受傷部位，避免再動到傷口。

○ Iceing（冰敷）

用裝了冰塊的袋子或冰敷袋，冰敷受傷部位十五至二十分鐘。

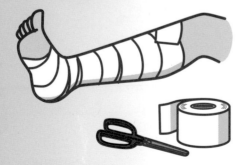

○ Compression（壓迫）

以繃帶包紮傷口，給與受傷部位適當壓迫。

○ Elevation（抬高）

為了防止內出血的血液積瘀，將受傷部位抬高至高於心臟處。

緊急處理措施只是應急的急救方法，若有受傷，一定要盡快找專科醫師或相關醫療機構接受診療。

Q2 的答案 10人以上

第3章

練好運球！

MANGA MINI BASKETBALL PRIMER · Chapter 03

春季大賽——

首戰出局。

哇——

哇——

哇——

小熊隊	可魯貝洛斯
2 6	4 1 2

輸掉籃球比賽的感覺，竟然這麼不甘心！

好不甘心……

調整好心情，去幫女籃隊加油吧……

嗯……

今天的比賽，要是我的運球能更好一點的話……

球傳給9號了！

大汗

滿頭

啪

那傢伙手上的球，輕輕鬆鬆就能被抄走！

!!

咚

咚

是我害大家輸球的。

哇

!?

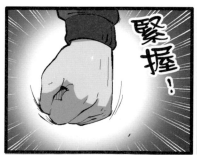

隔天

該怎麼做，才能練好運球呢？

一輝他太急躁了。

給他一點建議吧！

一輝，最有效的練習方式，就是盡量長時間接觸球，培養手感。

你拍球可以更用力一點，這樣運球比較穩，也不容易被對方球員抄截。

一輝你該加強的，反倒是速度喔！

嗚——啊！

一下子告訴我這麼多，誰聽得懂啊！

驚

抱歉……

讓我一個人練習吧……

72

……

好了，大家休息吧！

呼

是！

手腕……要更往下壓……

咚

咚

呼！

咚

呼！

嗯？我不用休息啦！

咚

咚

啊……又來了……

一輝，你休息一下吧！

我想快點跟上大家，現在沒有空閒時間休息。

一輝……

一輝……

不論如何，我都要練好運球！

一輝，你想練好運球嗎？

對。

聽好了，一輝。想練好運球，你就要記得抬起頭。

比賽中若只顧著看球，不看對方球員的動作，不就無法運球突破了嗎？

……可是，要我不看球……

啪

哇哇！

咚

咚

然後……

拚命練習運球就對了！

總而言之，

模仿打得好的人！

打得好的人、打得好的人……

真是的。

咚

咚

好可怕！

自言自語……

……一輝！

叫我回到球隊的人是你吧！

真的欸……空運球時是抬著頭……

驚

盯

咦……他幹麼盯著我！

咚

咚

咚

咚

！

嘰

為什麼？為什麼我就是做不到？

可惡！

呼——哈
呼——哈

啊

如果只顧著看球，就看不到周圍的狀況了。

想要練好運球，你就要記得抬起頭。

各位！

！

我……

自顧自的在搞什麼啊！

可不可以陪我練習運球？

各位，拜託你們，

哼！你總算清醒了。

謝謝你們！

各位……

為了隊友，我們無論何時都願意提供協助喔！

對啊！

對吧……

好

段田、瀨名，麻煩你們負責防守。

加油—

用另一隻手護著球！

啊！被搶走了。

來吧！一輝。

一輝！拍球的力道大一點。

運球的基礎

運球是要突破對方球員時，或將球運到籃下時所必備的技巧。
讓我們純熟掌握這個技巧，在球場上自由跑動吧！

A Answer

運用手腕擺動的力量運球！

若用擊打的方式拍球，
或是手腕太僵硬，就會無法穩定控球。
運球時記得要善加運用手腕力量，
手腕保持彈性，迅速朝自己的
方向或前方擺動。

Q Question

該怎麼做，才能在運球時控好球？

這是重點！

不要看球

運球的時候必須看著
四周，否則球很容易
被對方球員搶走。一
開始或許很難做到，
但還是要慢慢練到能
將視線看著前方。

更上一層樓的 練習法！

走動看看！

一開始先用慣用手，在不看球
的情況下邊運球邊走動。重點
就是拍球的位置在身旁。

從上往下看

從側面看

🏀 運球的姿勢

雙腳與肩同寬，
膝蓋彎曲，腰部下壓。

另一隻手護住
球，防止對方
球員抄截。

膝蓋微彎，
腰部下壓。

🏀 手的形狀

手的形狀要配合球的弧度，
這樣才能運用指尖球感控球。

手掌平放

手掌平放，以掌心觸球的話，會無法
順利控球。

🏀 手腕活動的方式

①五指抓球，感覺就像把球吸在手中。
②手腕迅速往自己的方向擺動，用力拍球。
③掌心朝著球，將球穩穩收在手中。

用手掌緩衝
球彈起的力道。

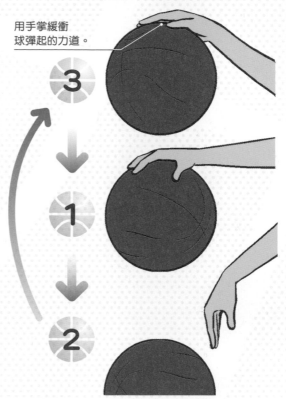

3

1

2

一定要 注意！

注意自己有無屈膝，並壓低腰部。

練習運球時，很容易只顧著注意拍
球的手，導致雙腿站得筆直。膝蓋
打直，就無法迅速動作。一定要記
得將膝蓋彎曲，用隨時都能起步的
姿勢練習運球。

屈膝

直立

前後運球

這是重點!

讓球貼著手掌!

手指要順著球前進的方向，
將球勾在掌心。

與運球手同側的腳往前站，
以讓球前後移動的方式運球。
將球運至後方時，要在球彈起
的期間將手臂向後擺動。

將球運至前方時，要在球彈起
的期間將手臂擺動回前方。
可以試著改變運球高度，
或是試著換另一隻手運球。

高低運球

注意膝蓋不要打
直，兩腿直立。

腰部下壓，低手運球。

用力拍球，高手運球。
記得也要換另一隻手練習看看。

運球的種類 1
各種運球方法

培養好原地運球的手感後，就加入非慣用手，
增加前後左右與高低變化，練習用各種方式運球。

🏀 雙手左右運球

拍球時掌心貼著球。

讓球落地反彈一次，
從右手運到左手。

接著從左手運到右手，重複這個動作。
球離手的同時，雙臂如鐘擺般跟著擺動。

🏀 單手左右運球

用指尖勾住球。

維持身體朝向正面的姿勢，以讓球
落地反彈一次的方式，單手左右運球。

當球彈到運球手的反方向，就用指尖勾住球，
拍回原本的方向。也用另一隻手試試看吧！

準備停止前先放慢速度

在加速的狀態急停，會造成腳的負擔，導致受傷的元凶。先一點一點放慢速度，屈膝壓低重心，就能穩穩地停下腳步。

腳掌要完全著地

停下腳步時，整個腳掌必須同時著地。僅有腳尖著地，很容易受傷。

用手緩衝球彈起的力道。

③

④

準備停下前，先放慢跑動速度，屈膝進入停止的姿勢。同時用手緩衝球彈起的力道，停住球的動作。

雙腳同時著地，停下腳步。
之後擺出三重威脅姿勢（→P.26）。

更上一層樓的
練習法！

練習用跨步急停，
來停下腳步！

跨步急停，並非雙腳同時停止，而是依序停止的方法。適用於跑速太快，難以雙腳同時停止的時候。用跨步急停停止後，同樣是要接著擺好三重威脅姿勢；但是，再次運球就會構成二次運球違例，所以只能選擇投籃，或運用旋轉步（→P.28）傳球。

①

第一步由左腳踏出的跨步急停。以左腳當剎車，用踏出的第一步停住動作。

②

右腳踩出第二步，完全靜止。在這個時候，最先踩出的左腳若再移動，就會構成走步。

🏀 運球的種類2
跑動中的運球方法

在跑動中運球時，
只要加速追上往前方推出去的球，
就能夠順暢跑動。

和原地運球一樣，不是在身體側邊拍球，
而是在身體前方拍球。

加速追上往前方推出的球，
重複這個動作，在跑動中運球。

注意自己的視線！

這樣 ✕ 不行！

運球時只顧著看球

跑動運球很重要的是，要邊移動邊注意對方球員與隊友的位置。跑動時若只顧著看球，很容易與他人碰撞，或是球被對方球員抄走。

👆這是重點！

把球往身體前方推出時，
要考慮到跑動的速度。

把球往前推出，再跑動追上球。跑動速度如果太快或太慢，就無法持續流暢運球。所以要多練習跑動運球，掌握該把球拍到哪裡才方便運球，以及如何拿捏跑動速度。

向後墊步加速過人

 這是**重點**!

先放慢再一口氣加速!

用原地小碎步或墊步慢慢運球,再一口氣
加速切換成快速運球。當中的落差越大,
就越容易擺脫防守者。

視線看著前方。

慢 ➤

快 ➤

1 向後墊步

向後墊步用在製造時間差,
或估算與防守者之間的距離。

2 加速

再次加速衝刺。
試著變換速度,加入快慢變化。

➤

3 當盯防者追上自己,就突然放慢速度。

➤

4 等盯防者一停下,就再次加速擺脫對手。

運球的種類3
變化跑動速度的方法

單純跑動並無法擺脫對方球員，
若想運球突破對方球員，
重點就在於跑動速度必須有所變化。

原地小碎步加速過人

這是重點！

肩膀與膝蓋保持在
同一直線上！

為了讓力量完整傳遞到
球上，重點就是姿勢要
正確，肩膀與膝蓋要保
持在同一直線上。

膝蓋不要打直。

雙腳與肩
同寬。

慢

快

1 原地小碎步

原地小碎步就是在原地踏步。
試著接連迅速踏步吧！

2 加速

從原地小碎步轉為加速衝刺。
以身體向前傾的姿勢，伸腳大步往前跨。

更上一層樓的
練習法！

讓別人來盯防，
練習擺脫對手！

1 觀察盯防者的動作，同時慢慢運球。

2 一口氣加速，突破防守。

運球的種類 4
改變前進方向的方法

學習運球變向中的二種技巧——胯下換手過人與轉身過人。只要將變速和這些技巧相互搭配，並善加運用，你就是一個能完美運球的球員了。

胯下換手過人

所謂的胯下換手過人，就是藉由迅速轉向，擺脫防守者的運球技巧。

1 運球前進。

2 持球側的腳往前跨並停在原地，以那隻腳為軸心，改變身體的面向。

軸心腳

3 為了避免球被防守者抄走，讓球穿過胯下，換另一隻手運球。

4 身體轉向，加速衝刺。

這是重點！

改變運球方向，讓球穿過胯下。

胯下換手過人會穿過防守者的正面，所以球很容易被抄走。為了防範這種情況，盡量讓球靠近身體，並且運得夠低，讓球可以繞過胯下。

88

轉身過人

所謂的轉身過人，
就是一面護著球不讓防守者搶走，
一面轉身的運球技巧。

1 運球的同時，一邊
估算與前方防守者
之間的距離。

2 以左腳為軸心，收回右腳，
轉半圈背對防守者。
手要吸住球。

軸心腳

3 一邊旋轉，一邊準備在
轉身後換手，用左手接
過原本用右手運的球。

4 身體轉回來，
用遠離防守者的
左手運球前進。

 注意！

**考量與防守者之間的距離，
視情況選用運球方法！**

胯下換手過人與轉身過人這二種技巧，要考量
與防守者之間的距離再視情況選用，距離較遠
時用胯下換手過人，距離較近時用轉身過人。
請別人來盯防你，練習這二種運球方式吧！

距離較遠 距離較近

胯下換手過人 **轉身過人**

沒辦法運用指尖與手腕力量順暢運球……

練習法攻略!

先練習拍起放在地板上的球，記住運用指尖與手腕的感覺！

不懂得運用指尖與手腕力量，就無法流暢運球。
為了記住指尖與手腕靈活彈壓的感覺，
先練習拍地板上的球，讓球彈起吧！

拍起地板上的球

1

拍地板上的球
拍地板上的球，讓球彈起。

2

細膩運用指尖與手腕
運用指尖與手腕的彈壓動作，
加大球回彈的幅度。

3

順勢開始運球
回彈幅度變大後，
就站起來順勢開始運球。

少年籃球小百科

Q3

發界外球時，
從裁判手中接過球的幾秒內，
必須將球發入場中？

答案在P.93。

記住運用
指尖與手腕
的感覺！

胯下換手過人時，沒辦法換手運球……

練習法攻略！

**練習將球輪流往左右兩側拍，
記住手掌吸住球的感覺。**

改變前進方向的胯下換手過人的技巧中，
換手運球時的一大重點，就是要掌握住手掌吸住球的球感。
練習像鐘擺一樣將球輪流換到左右手，記住手掌吸住球的感覺吧！

 手掌吸住球

 這是重點！

掌心朝下吸住球

球換手的時候，掌心
要朝下吸住球。

 1

**先不拍球，
將球左右互換**

一開始手臂像鐘擺一樣
擺動，將球從右手換到
左手。

這是重點！

挑戰大幅度的運球

習慣小幅度運球後，手臂
就抬到與肩同高，挑戰大
幅度運球。

 2

**習慣後再開始
拍球，輪流往
左右兩邊拍**

掌握到手掌吸住球的
感覺後，就開始輕輕
拍球。

煩惱

運球時會失去平衡……

練習法攻略！

練習方法就是這個

二人一起運球，同時玩相撲遊戲！想鍛練平衡感，
可以試試看這個小遊戲：二人一起運球，同時身體互相推擠。
跌倒或球被搶走的一方就算輸。

一邊運球，身體一邊互相推擠

1

腰部壓低，
放低重心。

二人一起運球

二人進入中圈（→P.185）的中央，都用遠離對方那一側的手運球，身體擋在對方與球之間。

2

運用全身護球。

一邊運球，身體一邊互相推擠

一邊運球，一邊用腰部或臀部推擠對方，或是用沒在運球的那隻手搶奪對方的球。球被搶走、站不穩摔倒或踏出中圈就算輸。

為什麼練習中需要補充水分？

🏀 在練習空檔補充水分的方式

和隊友一起做！

中場休息

HALF TIME

各位小朋友，你們是不是有時候會太過專注練習，結果忘了補充水分呢？
在各種運動的練習期間，補充水分是非常重要的。

○ 練習期間要頻繁補充水分

　　人體大約有百分之六十是水分，而大部分都是扮演體液（身體中的液體成分）的角色，發揮機能以維持人體正常運作。

　　然而，運動時大量地流汗，會導致體內的液體流失，引起中暑或脫水症狀。

　　尤其兒童的體型雖小，負責排汗的「汗腺」數量卻與大人相同，因此很容易因為流汗而導致體內水分不足。

　　所以，很重要的是，練習期間至少每隔三十分鐘到一小時就要補充一次水分，且頻率應隨季節與運動量調整。

不只要補充水分，也要補充運動飲料 ○

　　汗水中含有鉀離子、鈣離子等各種礦物質，所以運動流汗時，礦物質和鹽分也會隨著體內的水分一同流失。

　　關於練習中的水分補給，若僅練習一小時左右，補充水分即可；但若練習一小時以上，就要攝取運動飲料，以補充流失的鹽分（礦物質）等成分。

　　運動飲料中，含有運動後所需的各種營

養成分。不過要注意裡頭也含有許多的「糖分」。

　　成長期的營養重點就是透過飲食來攝取養分，假如攝取大量的糖分，就會產生飽足感，導致練習過後無法正常用餐。

　　因此，建議大家在飲用運動飲料前，先加水稀釋。練習期間，記得經常補充稀釋過的運動飲料喔！

第4章 練好投籃！

唰

唰

優學弟，真厲害啊！

嘿嘿，總覺得有點不好意思。

……

「點頭」

點頭

很好！優的遠距離投籃，不管是姿勢還是控制力都很完美。

優，很行嘛！

我也做得到～

嘿咻！

砰

喔噹

為什麼我的投籃這麼沒力啊？

喪氣

教練！！

登～登登

投籃時只靠手臂用力，就算投了也不會進喔！

要運用手腕下壓的力道，讓投出的球產生逆旋轉。

壓

壓

口白

硬邦邦

手腕下壓……

逆旋轉……

嘀嘀

咕咕

你的手腕還是很僵硬喔！

嗯，手腕下壓……逆旋轉……

唔～

嗚哇！

咻—

超帥的!!

特別訓練菜單？

我幫你設計一個特別訓練菜單。

光用腦子想也沒用。

好，

聽好嘍！投籃不進的理由，

只有距離偏離偏長偏短，和左右偏離這二種。

而一輝你二種問題都犯了。

打一擊

教練，他的特別訓練菜單，可以交由我來設計嗎？

白鳥！

若要論特訓，你可是隊裡最努力的人。

你是適當人選。

那麼，之後就交給你了。

是，教練。

接下來麻煩你指點了，白鳥學長。

你太客氣了，一輝學弟。

那麼，開始特訓吧！

笑咪咪

鍛鍊手腕力量的練習

快點，打起精神來！

好枯燥！

嘩啦
嘩啦

這個訓練在洗澡時也能做，所以在家也要認真練習喔！

好了，接下來開始練習投籃吧！

白鳥學長，我要一直在這裡練習嗎？不和大家一起練習？

……我會

加油。

是啊！加油。

笑咪咪

98

坐在原地投籃。

好！

軟趴趴

就像這樣。

要讓球用更快的速度逆向旋轉！

嗚嗚…

不行不行～

柔軟

柔軟

你的手腕太僵硬了。

……唔唔唔

球心……

球心……

嗶

雙手

單手

只要讓力量傳遞到球心，球就會準確地飛出去。

特訓①
坐著練習手腕下壓

特訓②
掌握球的正中心

特訓③
苦練投籃

想成為一流的神射手，就要一天投三百顆球。

一輝學弟你技術太爛了，所以一天大約要投五百顆。

什麼!?

一輝學弟。

比如說灌籃之類的！

白鳥學長，我不想做這麼枯燥的練習，請教我更帥一點的技巧，

不要小看籃球。

現在的你沒有資格踏進球場。

嗚！

至今為止，我每天都會完成這些枯燥的特訓。

即使如此，要被選為先發球員還是很難。

100

因為隊上的每個人為了被選上，都很拚命。

一週後

一輝那傢伙都在練他的特別菜單，完全沒有來這邊練習。

馬上就要秋季大賽了。

難不成他會就此失去上場比賽的機會……

正在努力的不是只有你一個人。

我可不會讓出下次比賽的先發位置。

嘰

你們在打混什麼？要練習投籃了！

啊！是，不好意思！

靜————•••

好！

由我先開始！

那傢伙不在，總覺得安靜過頭了……

是啊……

我要拚命地練習，讓大家再也不敢小看我！

……一輝真厲害

都累成那樣了，還是繼續努力練球。

接下來的大賽，我們一定要一起上場比賽喔！

一輝！

數日後——

大家都到齊了。

好！

接下來，秋季大賽的先發成員名單。被叫到的人上前領球衣！

是！

絕對要成為先發！

絕對要成為先發！

4號後衛，信道！

是！

運球與傳球技術高超的場上指揮官。

終於……

終於來到這個時刻了！

8號中鋒，瀨名！

長得高，擅長搶籃板球。

是！

7號前鋒，段田！

體格強壯，耐得住碰撞。

是！

5號後衛，優！

擅長遠距離投籃。

是、是！

是！

還剩一個名額！

那麼最後……

關於6號前鋒

難以啟齒

……

喀啦

唰

不好意思

那件球衣！

是6號？

那件球衣！

喪氣

怎、怎麼這樣……

教練！我們的隊伍需要一輝！

請不要讓他缺席先發名單！

呃……

難道要讓一個根本不認識的人替補，卻不讓一輝上場比賽嗎？

……從這麼遠的地方。

一輝，你試著從那個位置投籃看看。

你們啊……聽我把話說完。

106

舉
！！

啪！

運用手腕下壓的
力量⋯⋯

指尖貼著
球心⋯⋯

筆直推出
去⋯⋯

咻

嗚喔喔喔喔
喔喔——

漂亮投
進了！

可魯貝洛斯的衝鋒
隊長就交給你了。

一輝！

KERBEROS
6

成功了……

這就是特訓的
成果。

白鳥學長。

恭喜你

你很努力
特訓喔！

……

6號前鋒，
一輝！

是！

腳程快，
負責快速推進，
投籃得分。

喂！
你這傢伙，不要
用球衣擤鼻涕。

擤～

真的～

學長！

教練

太感謝你們了～

順帶一提，
送球衣過來
的少年……

哥哥

你忘記
帶來了

是教練的
弟弟。

投籃的方法

投籃分成「單手投籃」和「雙手投籃」。
讓我們來學習正確的投籃姿勢與持球的方法，投出漂亮的一球吧！
練到能夠投進籃框，打起籃球來就會更有趣。

A Answer

因應距離，又高又直地投出去！

無論哪一種投籃方式，為了準確投進籃框，都要因應距離，盡量瞄準籃框筆直地將球高高投出。為此，學會正確的姿勢與持球方式很重要。

Q Question

該怎麼做才能投進？

單手投籃的方式 1
持球方法

讓我們來學習「單手投籃」，以單手投出球的持球方法吧！

1

先用慣用手持球，不要讓球左右晃動。

3

手腕到手肘呈一直線，身體朝向籃框。

從側面看

4

用食指、中指或兩指之間對準球心。

2

拿穩後，就將手腕轉向外側。

另一隻手只需扶著球。

這是重點！

投籃時出力手的手指對準球心

投籃時，主要出力（出力手）的手指要對準球心。

單手投籃的方式 **2**
預備動作

單手投籃的時候，注意慣用手與慣用腳要呈一直線。
這條「線」要是歪曲傾斜，就無法筆直投出球。

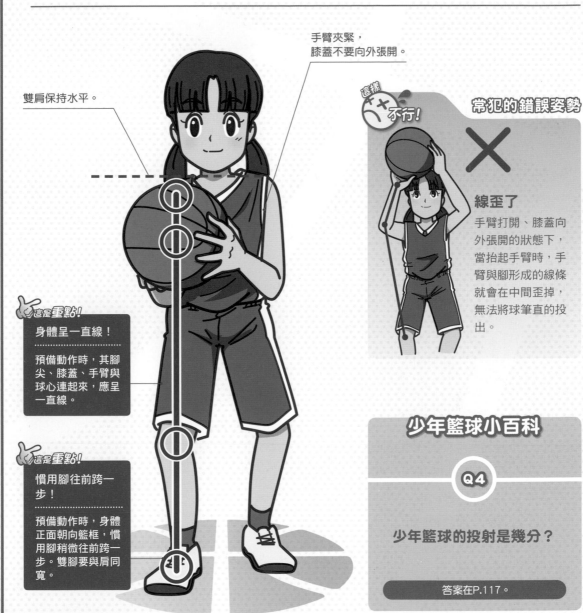

雙肩保持水平。

手臂夾緊，
膝蓋不要向外張開。

這樣 ✕✕ 不行！

常犯的錯誤姿勢

✖

線歪了

手臂打開、膝蓋向外張開的狀態下，當抬起手臂時，手臂與腳形成的線條就會在中間歪掉，無法將球筆直的投出。

這是重點！
身體呈一直線！

預備動作時，其腳尖、膝蓋、手臂與球心連起來，應呈一直線。

這是重點！
慣用腳往前跨一步！

預備動作時，身體正面朝向籃框，慣用腳稍微往前跨一步。雙腳要與肩同寬。

少年籃球小百科

Q4

少年籃球的投射是幾分？

答案在P.117。

單手投籃的方式 3
準備投籃的動作

身體正面朝向籃框，慣用手與慣用腳呈一直線，保持這個狀態抬起手臂投籃。
手腕確實彎曲，球就能投得高。

從正面看

手扶著球的下半部。

從側面看

手臂夾緊。

慣用腳在前。

這是重點！
形成 L 字形！
手肘與手腕呈直角，形成兩個 L 字形。

這是重點！
手腕要確實彎曲！
手腕要彎曲到形成皺褶，這樣球才能投得高。

這樣不行！

錯誤的手腕姿勢

✕ **手腕打直**
這樣投出的球高度會變低，時常會撞上籃框彈出去。

更上一層樓的 練習法！

運用籃板來確認球的高度！

學習運用籃板（→P.185）確認球的高度吧！投出球後，只要觀察球是從籃板的哪一個部分落下，就能知道該投得多高才能進球。

○ 投出的球從籃板上方落下，是最理想的弧線高度。

✕ 投出的球從籃板側邊落下，就表示高度不足。

單手投籃的方式4
出手

下一個步驟，就是出手將球投向籃框。
起跳時手臂直線向上方抬起，
運用手腕力量推動球的中心向前撥出去。

手肘向上
抬起。

手肘伸直。

這是重點！
手指指向籃框中心
想像著用出力手的手指指向籃框中心的感覺，將球投出。

這是重點！
肩膀保持水平
出手時的一大重點，就是肩膀要保持水平，這樣球才會直線往前飛。

1 膝蓋一定要彎曲再起跳。

膝蓋要確實彎曲再往正上方起跳，同時手臂直線向上抬起。此時必須注意，身體不能往後方傾斜。

2

跳起並將手臂向上伸展出去，同時運用手腕下壓的力道推動球的正中心。

這樣不行！

無法將力道傳遞到球上的投籃姿勢

身體後仰
起跳時身體若向後仰，力道就無法傳遞到球上。雙手投籃（→P.117）時也是一樣。

手肘向外
投籃時手肘若向外，球的高度就會變低。

肩膀傾斜
投籃後的肩膀若向前後左右傾斜，投出的球就會歪掉。

雙手投籃的方式1
持球的方式

接下來，一起學習用雙手投球的雙手投籃。
首先最重要的，就是學會持球的方式。

1

將球放在地上，
以雙手比出三角形。

2

保持三角形的形狀抓住球。

3

維持這個姿勢，
將球舉到嘴巴前方。

4

雙手食指連成的線
對準球的中心，牢
牢抓住球。

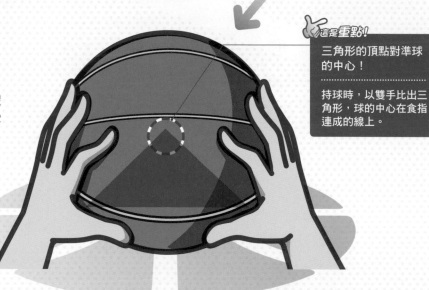

> **這是重點！**
>
> 三角形的頂點對準球
> 的中心！
>
> 持球時，以雙手比出三
> 角形，球的中心在食指
> 連成的線上。

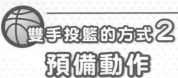

雙手投籃的方式2
預備動作

雙手投籃時，要注意以全身形成一個「面」。
這個「面」若傾斜或歪曲，就無法筆直投出球。

肩膀保持水平。

手臂不要夾太緊。

這是重點！
以身體形成一個「面」。

從肩膀到腰部形成一個面，這個面要朝向籃框。

腳尖筆直朝向正面。

這樣不行！

會讓投出的球歪掉的姿勢

✕

身體形成的面傾斜

身體形成的整個面若沒有朝向籃框，會導致投出的球歪掉。雙腳保持沒有平行站好，就很容易出現這個情況。

這是重點！
雙腳腳尖都要朝向前方！

雙腳保持平行站好。注意身體要完全面向正面，不要斜側著。

雙手投籃的方式 3
準備投籃的動作

面對籃框，整個身體形成一個面，
接著抬起手臂投籃。手臂也形成像手指比出的
三角形一樣的形狀，直接向上方抬起。

從側面看

球體最高點舉到
大約鼻子高度。

這是重點！

手臂形成三角形！

如同持球時用手指形
成三角形，手臂也比
照辦理。

這是重點！

手腕要確實彎曲

手腕要彎曲到形成
皺褶，這樣球才能
投得高。

雙腳平行站好。

從正面看

這樣不行！

錯誤的手腕姿勢

手腕打直

雙手投籃也一樣，當手
腕打直，投出的球高度
就會變低，時常會撞上
籃框彈出去。

 **雙手投籃的方式4 出手**

下一個步驟，就是出手將球投向籃框。
起跳時手臂直接向上方抬起，手腕向內側翻，
兩手食指同時將球推出。

☝**這是重點!**

注意讓雙手手背相對

球出手瞬間，手腕迅速向內側翻轉，讓雙手手背相對。

1

膝蓋彎曲後，再向正上方起跳，同時手肘直線向上方抬起。注意雙手不要往前後左右歪。

2

跳到最高點時，手腕向內側翻轉，同時將球投出。注意讓雙手手背相對，用雙手食指同時使力往前推。

☝**這是重點!**

手臂直線向上方抬起！

可以想像成手腕與手肘畫出 4 條垂直線的感覺。

這樣 ✗✗ 不行!

✗ 手臂舉到後方，手肘面向背後。

手肘高舉到面向背後，會導致力道無法傳遞到球上，使球飛不遠。

球投不遠的投籃姿勢

記住運用指尖的感覺！

籃框較遠的時候

投向遠處時，要縮短球在指尖上滾動的時間。

這是重點！

用指尖勾住球！

向遠處投籃時僅運用指尖，以縮短手指撥球的時間。投球時，試著想像用手指勾著球的感覺。這樣傳遞到球上的力道較多，球也能飛得更遠。

少年籃球小百科

Q5

防守方的球隊得到控球權後，必須在幾秒內出手投籃？

答案在P.123。

118

🏀 投籃的方式
如何調整球投出的距離

無論是單手投籃還是雙手投籃，
都是用指尖撥球的時間，
來調整球投出的距離。

🏀 籃框較近的時候

投向近處時，要拉長球在指尖上滾動的時間。

👆**這是重點！**

想像成用指尖擦過球的感覺！

向近處投籃時運用整隻手掌，拉長撥球的時間，最後想像成用指尖擦過球的感覺，將球投出去。這樣傳遞到球上的力道較少，球才不會飛太遠。

📢 **一定要 注意！**

注意是否有讓球體產生後旋轉！

若讓球體產生後旋轉，投出的球就不容易被籃框彈出。用指尖撥球，球就會產生後旋轉，出手後會往前進方向的反向旋轉。反過來說，若未運用指尖，只用手掌推球，就不會產生後旋轉。球沒有向後旋轉，就是沒有善用指尖的證據。

煩惱

投籃投不好……

躺著將球往上拋，培養將球直線投出的手感！

無法將球直線投出，就是姿勢不夠穩定的證明。
在此推薦一個練習方式，就是仰躺下來，
將球往正上方拋，培養將球直線投出的手感。

 朝往正上方拋球

2 將球拋向
正上方

當球回到手邊，就
再拋出去。球若往
前後左右偏，就表
示手臂沒有打直，
或是手腕沒確實彎
曲，所以要小心。

1 仰躺下來

雙肩貼地仰躺下
來。手撐著球的
正中央，手臂直
線向上抬起。

 煩惱

手腕下壓的動作做得不順……

在泡澡時擺動手腕，練習手腕下壓！

力氣太小，無法運用手腕下壓的力量投籃的人，
就在泡澡時練習擺動手腕，拍打出水花。
水造成的適度壓力，可以鍛鍊手腕下壓的力量。

泡澡時擺動手腕

重點在於用雙腿夾住手肘，避免手
肘往外張開，藉此紮實鍛鍊只擺動
手腕的動作。

煩惱 無法靈活運用指尖，投籃時一不小心就會用到掌心……

練習法攻略！ 讓球在手臂上滾動，學習如何運用指尖！

調整投籃距離的重點，在於用指尖彈撥球，控制球投出的力道。
練習將球從指尖滾到手臂，學會靈活用指尖。

讓球在手臂上滾動

1 投籃的預備動作

手掌托著球，
做好投籃的預備動作。

2 舉起手臂

舉起手臂，
讓球貼著指尖滾落。

3 讓球滾過手背

讓球從指尖移動到手背，
小心不要把球弄掉。

4 讓球滾過手臂

讓球順勢滾過手臂。

煩惱 抓不準投籃力道…… **練習法攻略！**

**練投籃的過程中逐步後退，
學著掌握距離感！**

在籃框下方以正確姿勢投籃，
投進了就退後一、二步再繼續投，
有助於學習掌握該用什麼力道投籃。

確認投籃的姿勢！

讓我們再次確認投籃的姿勢，用正確的姿勢投球。

提升力道

想提升投籃的力道，就要運用屈膝跳躍的動作。

傳遞力道

想將屈膝跳躍所增加的力量傳遞到球上，就要直線抬起手肘與手腕。

調節力道

想將球投往遠處，就要縮短指尖撥球的時間；想將球投往近處，就要拉長指尖撥球的時間。

持球方式
出力手的手指要對準球的中心。

手腕
手腕彎曲到形成皺摺。

身體面向
單手投籃時，腳尖、膝蓋、手臂與球的中心要呈一直「線」，朝向籃框。
雙手投籃時，從肩膀到腰部形成一個「面」，面向籃框。

手臂
單手投籃時，手肘與手腕形成二個 L 字形；雙手投籃時，形成一個三角形。

打少年籃球進步的訣竅就是模仿！？

學會隨心所欲運用身體的方法

和隊友一起做！

中場休息

HALF TIME

有個關於運動的說法，就是模仿技巧高超的選手。那麼，怎麼做才能模仿得好呢？

模仿為何有效？

各位小朋友，應該有人是看著美國職籃NBA的選手打球，心想「我也想做出那樣的技巧」，於是就開始練習了吧！事實上，模仿優秀球員的技巧，就是打少年籃球進步的祕訣。

人類的身體有二百根以上的骨頭，其中人類能有意識地活動的部分很少，大多數都是在無意識狀態下運動。

因此，一般認為比起有意識地反覆練習

和活動身體的特定部位，看影像掌握大致感覺後，再用全身模仿那個動作，這個方式學習運動技能更有效率。

此外，人類的大腦有種神經細胞叫做鏡像神經元，當人看到其他人的動作，這種細胞就會產生反應，反映那個動作的鏡像，如同自己在進行這個動作一樣。也就是說，可以據此推測：就算只看影像，也可能和實際練習產生同樣的效果。

要如何模仿得好？

關於模仿，推薦大家模仿身邊球打得好的球員，或是大量反覆觀看職業籃球選手的影片。學會隨心所欲活動自己的身體後，隨之也能模仿得越來越好。

協調性訓練

所謂的協調性訓練，就是保持平衡、迅速展開動作等刺激運動神經的訓練。在練習當中提升這些能力，就能更自在地掌控自己的身體。

另外，廣泛體驗各種運動，也有助於提高身體的協調能力。

Q5 的答案　30秒

咦、欸？優你怎麼了？為什麼要哭？

優!?

嗚嗚…

!!!

對不起，或許我還是不適合比賽。

想到比賽要到了，我突然開始覺得好不安，失去自信⋯⋯

滴答

滴答

下次大賽，我說不定又會扯隊伍的後腿⋯⋯

⋯⋯因此都不敢面對對手。

也很害怕受傷

我也想變得像一輝一樣強啊⋯⋯

優。

你已經很強啦！

我、我一點都不強。

我覺得優勇於面對自己的弱點，

真的超強的！

謝謝你……

我們不是好朋友嗎？別擔心，我們一起克服弱點吧！

一、一輝！

抖 抖

喂——陸也！要不要和我們一起打籃球？

什麼

……

嗯？那不是陸也嗎？

咦!?

擦 擦

127

好、好啦

噴——

轉頭

……開始吧！

我在南臺可魯貝洛斯，請多指教！

對啊！

來個友誼之握！

你……加入俱樂部了？

咚

啪

……

啪

好！放馬過來！

你跑得太快，導致球投出去的力道變得太強。

你試著把球先稍微往後收，再投出去。

原來如此……往後收？

往後

？往後

砰

咚

哐噹

咚

……

他不管失敗多少次都不放棄地挑戰……

一輝果然很厲害……

哇啊啊！
有危險！

!!!

不行！
我還是一直
在逃避，

逃避疼痛與
恐懼……

135

真的超強的！

我覺得優勇於面對自己的弱點，

我……

我……一輝……

碰咚

嗚哇啊啊啊啊啊！

…………

你沒受傷吧？

我覺得，你好像稍微克服了自己的弱點呢！

咦～有嗎？

嘿嘿

……

你的意思是我們太弱了，你根本沒必要認真？

什麼！

小聲

我應該再多放水一點才對。

……

你太失望了，陸也……你竟然會說這種話。

我的力量，似乎太過強大了……

138

139

運球上籃的方式

在跑向籃框的過程中投籃，就是運球上籃。分成「挑籃」和「拋投」。

A Answer

練熟步法與
手腕下壓的動作！

上籃想準確進球，就要學會能順暢
投出球的步法，以及控球的能力。
做好手腕下壓的動作很重要。

Q Question

怎麼樣才能準確上籃？

從自己的視角看
出去的手腕動作

從自己的視角看
出去的持球方式

4
與出力手同一邊
的腳抬起，用力
往上跳。

跳到最高點時讓球出手。

5
手腕往身體方向
壓。投不到籃框
高度的人就雙手
並用。

 運球上籃的方式 **1**
挑籃的方式

「挑籃」這種投籃方式，就好像把球放進籃框一樣，是最容易進球的投籃法。

姿勢

手背朝向籃框。

 這是重點！

跳起時大腿與地面平行

跳起時要抬起膝蓋，讓大腿與地面平行，這樣身體在空中才能保持穩定。

手腕的動作

旋轉

1

手背朝向籃框，手腕要確實彎曲到形成皺摺。

2

在球即將離手時抖動手腕，掌心朝向自己的身體。讓球產生旋轉，可使球更容易控制。

跨步與出手的時機

1

在腦中想像投籃的過程並同時運球，注意眼睛不要盯著球。

2

右腳跨出第一步。

雙手持球。

3

左腳跨出第二步，準備進入跳躍的姿勢。

141

從自己的視角看出去的持球方式

從自己的視角看出去的手腕動作

3

左腳跨出第二步,準備進入跳躍的姿勢。

4

另一隻手扶著球。

與出力手同一邊的腳抬起,用力往上跳。

5

跳到最高點時讓球出手。

手腕朝著籃框下壓。

一定要 **注意!** ....

注意是否雙腳同時著地!

想知道上籃的時候,身體在空中是否保持平衡,只要看著地後的雙腳就可以判斷。
若身體穩定,就會雙腳著地;身體不穩定,很容易會變成單腳著地。

〇 在空中保持良好平衡,就會雙腳著地。

✕ 在空中身體不穩定,很容易變成單腳著地。

142

運球上籃的方式 **2** 拋投的方式

「拋投」就像單手投籃一樣，運用手腕下壓的動作投籃，是比賽中常用的投籃方式。

 ### 姿勢

慣用手手背朝向自己的身體。

跳起時要抬起膝蓋，讓大腿與地面平行。

跨步與出手的時機

 1

想像投籃的過程，並同時運球，注意眼睛不要盯著球。

 2

右腳跨出第一步。

手腕的動作

旋轉

1

手背朝向自己的身體，手腕彎曲到形成皺摺。

2

手腕下壓，將球投出。可以想像成用指尖勾住球。讓球產生旋轉，使球更容易控制。

跨步時的持球動作

 這樣不行！

拿著球左右晃動

很多人在跨步時，會持球左右晃動以抓節奏。但是在比賽中這樣晃動球，很容易把球送到對手身旁，結果就會被抄走。在跨步時，要隨時注意用身體擋住球。

煩惱

挑籃投不進……

練習法攻略!

練習抖動手腕讓球旋轉!

挑籃需要靈活運用手腕,否則就很難投進。
練習抖動手腕拋起球,記住如何讓球產生旋轉。

拋球同時讓球產生旋轉

旋轉

旋轉

旋轉

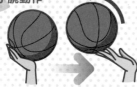
從側面看的
手腕動作

從正下方造成旋轉

從正下方持球,朝上壓腕。
不擦板直接瞄準籃框時,可
以更容易控制球。

從側面看的
手腕動作

從左側造成旋轉

從左側持球,然後壓腕。
從左側瞄準籃框擦板時,
可以更容易控制球。

從側面看的
手腕動作

從右側造成旋轉

從右側持球,然後壓腕。
從右側瞄準籃框擦板時,
可以更容易控制球。

05

煩惱 拋投投不好……

運用手腕下壓的動作，練習讓球在空中不斷旋轉！

很多拋投投不進的人，也同樣是因為無法做好手腕下壓的動作，
導致球出手的力道太強。練習在空中連續對球造成旋轉，
學習如何調整力道吧！

在空中對球造成旋轉

旋轉

旋轉

旋轉

1

雙手舉高持球

手腕彎曲到形成
皺褶，雙手高舉
過肩拿好球。

膝蓋彎曲。

2

手腕下壓，將球往上撥

運用手腕下壓的力量，將球
往正上方撥。讓球滾過整個
手掌，最後從指尖脫手。

3

**當球落到手邊，
再次將球往上撥**

將球往正上方撥，
當球落到手邊，就
重複步驟 1～3。
每一次都不要接住
球，要練到能迅速
完成步驟 1～3。

確認運球上籃的姿勢！

用正確的姿勢運球上籃，
就能提高投進的機率。
練習前再仔細檢查一遍吧！

手的方向

旋轉

挑籃
手背朝向籃框方向，
手腕往自己的身體
方向下壓。

旋轉

拋投
手背朝向自己的身體
方向，手腕朝籃框
方向下壓。

手腕
手腕彎曲。投籃時
使球產生旋轉。

膝蓋
跳起時膝蓋要抬
高，讓大腿與地
板大約平行。

跨步
用右手投籃時
跨右腳。

什麼樣的生活，才能長高？

能促進長高的生活習慣

和隊友一起做！
中場休息
HALF TIME

一般都認為籃球比賽中，長得高的球員較有優勢。那麼，該培養什麼樣的生活習慣才能長高呢？

「一暝大一吋」是真的！

長大以後，再怎麼想長高都來不及了。年少時的成長期，才是長高的最佳時機。

古時候有一句老話說「一暝大一吋」，意思就是指「小孩子睡得越多，就會長得越高」；事實上，這句話從科學角度來看也是正確的。

「生長激素」對小孩的成長來說是最重要的激素，比起白天清醒的時候，夜裡睡覺時會分泌得更多。

若將高大的身體比喻為堅固又持久的大車，那麼成長期小孩睡眠的時間，就相當於汽車工廠運作的時間；而透過食物攝取的營養，就如同汽車的材料與燃料。睡眠時間短暫，就表示工廠運作的時間隨之縮短，因而無法造出大輛的汽車。

除此之外，如果沒有正常攝取三餐，就如同材料與燃料不足，同樣無法造出大輛的汽車。

長高不可或缺的營養是？

長高所不可或缺的營養素，有鈣質、鎂等各種成分，但一般認為對成長期最重要營養素是「蛋白質」。要是被零嘴、泡麵等食物塞飽肚子，就無法攝取重要的蛋白質，所以要小心別吃太多。

富含蛋白質的食材

有肉、魚、蛋、大豆、乳製品等。

能攝取充足蛋白質的用餐範例

不只要透過肉、魚等主菜攝取蛋白質，也可以在配菜加入納豆、豆腐或蛋類料理等組合。

綜合蔬菜

（主菜）肉、魚料理

（配菜）納豆、豆腐料理、蛋類料理等

星空縣 少年籃球 優勝大賽

秋季，縣大賽。

了不起，你們從第一輪晉級了！接下來就是第二輪！

對手是陸也率領的強隊——東區蓋亞斯！

十人團結合作才稱得上一支完整的隊伍，所以大家一起提起幹勁上吧！

是！

接下來是第二輪比賽。

哇啊 啊 啊啊

可魯貝洛斯對蓋亞斯的比賽現在開始！

可魯貝洛斯
（先發）

蓋亞斯
（先發）

……
我絕對會打敗你！

……
陸也！

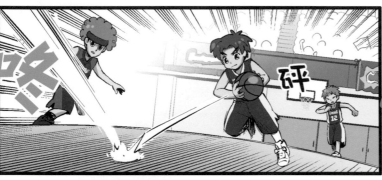

喔喔喔!

別想先馳
得點!

優!

讓他見識一下
你的膽量!

!!

我已經——

不是膽小鬼了!

很好！先馳得點。

優，幹得好！

嘿嘿

好痛……

可惡……那些傢伙真囂張。

讓他們看看我們之間的水準差距！

陸也！

哇啊啊啊啊

啪沙

很好，繼續拉開比分吧！

啪

陸也！

啪

跳

每次都只傳球給陸也一個人！

可惡……那些人，

哇啊

可魯貝洛斯　蓋亞斯

02108

啊 啊 啊

砰

152

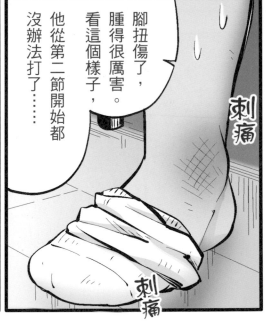

團結的隊伍！

我們是一支

麻煩你幫我們加油啦！

嗯！

我教你們一個最適合你們的防守陣式。

名字就叫「看門犬防守陣式」！

鏘

犬？

看門

汪

汪

可貝貝洛斯

有人想闖進家裡的時候，看門犬就會大聲咆哮，防止對方進入不是嗎？

對隊伍而言的家，就是禁區。

你們要化身為五隻看門犬，圍住自己的家，讓入侵者一步也不能闖進去！

緊要關頭再拿出這一招喔！

嗶嗶

是！

156

第二節

少年籃球規定，隊裡的十人都要上場一節以上，因此蓋亞斯讓主力陸也回到板凳。

比賽轉為可魯貝洛斯占優勢，比分差距逐漸縮小……

可魯貝洛斯　蓋亞斯
2　0　2　2

接著進入第三節。

嗚……陸也！

白鳥學長！

一輝學弟！

什麼！

哇啊啊啊啊啊

可魯貝洛斯　盖亞斯

很好！追平了！

3　4　3　3　4

咻

第三節結束！

嗶嗶

00:00

怎麼會！

可魯貝洛斯原本有這麼強嗎?

是啊!

……

沒差,反正我們有陸也,交給我們就行了吧!

呼

呼

……陸也?

……

抖

抖

陸也……原來也是個熱血的人啊!

當……當然!

嘿嘿

拜託你們……協助我!

靠我一個人,贏不過可魯貝洛斯那群人……

接著，進入決定命運的第四節。

可魯貝洛斯　蓋亞斯

42 4 4 2

比賽來到終盤，比分依然維持在同分的42比42……

發揮全力的兩隊——

不分上下！

哇——

哇——

明明在打一場一分都不能丟的比賽，

他們……

卻打得這麼開心。

要領先他們一球！

我們上！擺出看門犬防守陣式！

禁區
（紅線內側）

喔！！

轟轟

禁區就等於是「隊伍的家」，而你們就是大型看門犬。

總之就全力阻擋入侵者吧！

161

還剩五秒比賽就要結束了⋯⋯現在傳球⋯⋯來得及嗎？

00:05

真幸運♪

嗚⋯！糟糕！

啊啊啊！

擋

傳給一輝！

一輝，跑啊！

驚

噠

……陸也！

一輝——

比賽結束前倒數三秒！

00:03

伸

嗚喔喔喔！

擋

想得美！

KERBEROS

GAIAR

164

好快！

砰

嗚啊…

咻

這是全隊團結一心才傳到我手上的球……一定要投進！

啪！

比賽結束！

可魯貝洛斯　蓋亞斯

4　4　4　4　2

哇啊啊啊

可魯貝洛斯 精采的逆轉勝！

……

贏了。

進攻的基礎

在比賽中進攻時，選手所在的基本位置就稱為籃球位置。
一起來學習各個位置的分工吧！

傳球
給我！

前鋒

需要深入對方半場的位置。根據分工，又可分
成大前鋒與小前鋒。大前鋒的任務是在籃下爭
奪籃板球並進而得分；小前鋒的任務是外線長
射，或是切入禁區（→P.185）。

中鋒

主要活躍在對方籃框附近，負責在籃下投籃、
搶籃板球等任務。打這個位置不只需要身材高
大，還需具備便於爭奪籃板球的強壯體魄。根
據隊伍的安排，也有可能不設中鋒，改由一位
前鋒（中前鋒）兼任中鋒的任務。

要投進喔！

少年籃球小百科

Q6

誤投進己方隊伍的
籃框會怎樣？

答案在P.175。

Question Q

少年籃球在進攻時有哪些位置？

Answer A

大致可分成
後衛、前鋒、中鋒這三種！

上場比賽的五人都有各自打的
位置與任務。籃球位置大致可分成
後衛、前鋒、中鋒這三種，
最近各個位置也漸漸分得越來越細了。

各位置的任務

後衛

負責組織進攻的後衛，分成控球後
衛與得分後衛。控球後衛要運球到
對方半場、指示隊友進攻、傳出關
鍵傳球，是比賽中全隊的組織者；
得分後衛負責協助控球後衛傳球、
中距離與遠距離投籃、切入禁區投
籃等，是個需要具備高超技術的位
置。

前鋒
跑位！

進攻方向 ➡

> 無論打哪個
> 位置，為隊伍
> 打球的心都是
> 一樣的！

基本的跑位・繞圈準則

繞圈準則，就是進攻球員如畫圓一樣跑動時的行動準則。
讓我們一起來學習進攻時的基本跑位吧！

進攻球員❶運球往箭頭的方向（
防守球員❶的外側）切入時的狀
況。其他隊友若不採取行動，防
守球員❹或❺就會上前阻止❶切
入。

為了讓防守球員難以上前阻擋，
其他隊友要像圖中箭頭所示，各
自繞圈跑位。

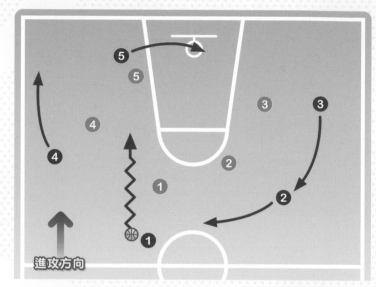

❶～❺ 進攻

❶～❺ 防守

與 1 相反，進攻球員❶運球往箭
頭的方向（防守球員❶的內側）
移動時的狀況。其他隊友要像圖
中箭頭所示，各自往反方向繞圈
跑位。

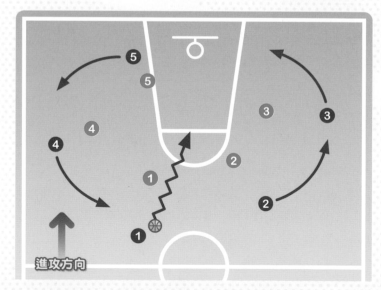

提高投籃命中率的進攻方式

離籃框越近，投籃的命中率就會越高。所以，讓我們來學習靠近籃框的三種方法吧！

運球切入

持球的選手運球突破防守空檔來到籃下，就是運球切入。

隊友在附近會使防守空檔變窄，所以打算運球切入時，為持球球員空出空間是一大重點。

假如運球切入的球員被防守球員包圍，也可以傳球給繞圈跑位後無人看守的隊友。

空手切入

無持球的球員切入靠近籃框的空檔區接球，就是空手切入。

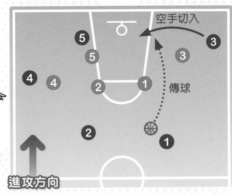

持球球員引走防守球員的注意力，使籃下的空間出現空檔區。無持球的球員只要跑到這個位置，就可以準備接球。

不能二個球員都跑到同一空間。空手切入的重點，就是與其他隊友的默契。

低位單打

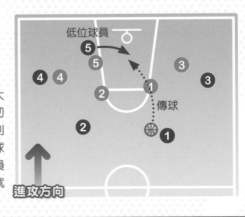

打中鋒或前鋒的高大選手擔任低位球員切入籃框附近，隊友則要傳出不易被防守球員抄走的球至該球員手中，這種打法就是低位單打。

在籃框附近接到球的球員要運用步法或是轉身來投籃。但防守方也會嚴防低位球員任意切入籃下，所以低位球員不能害怕與人肢體碰撞，才能卡好位置。

接到傳球後，重點是要抓住對手的空檔採取行動。

防守的基礎

防守的重點，就是讓盯防的對象不能任意傳球與投籃等。
讓我們努力練習到能馬上對進攻球員的動作做出反應吧！

防守的姿勢

膝蓋微彎，重心放低，
雙手張開。

這是重點！

針對進攻球員的
運球做出反應！

重心放低，膝蓋彎
曲，以便自由左右
移動。

這是重點！

針對傳球與投籃
做出反應！

手肘保持彈性，以
便隨時處理對方的
投籃與傳球等。

這樣不行！ 常見的錯誤姿勢

**無法馬上採取
動作的姿勢**

假如雙手下垂，或膝蓋挺直，
就無法迅速處理對方的投籃與
運球等，一定要小心。

雙手下垂

兩腿打直

盯防持球球員的方式

這是為了封堵投籃路線，以及往籃框方向的運球路線。

防守球員❶背對籃框，張開雙手，擋在盯防對象❶與籃框連成的線上。

與對方的距離太遠

與盯防對象的距離太遠，會讓對方有投籃、傳球與運球的自由空間。當對方遠離時就要逼近，維持適當的距離。

（注意）
根據每支隊伍內部的狀況，各個位置的任務會有細微不同，所以不代表只有書上寫的才是正確答案。

盯防無持球球員的方式

與球同一側的防守

這是為了預防對方傳球，以及守住與隊友之間的空檔。

防守球員❷並非完全擋在盯防對象❷與籃框連成的線上，而是擋在稍微靠近持球球員❶的位置。

與球不同側的防守

這是為了防堵往籃下的空手切入（→P.171）或低位單打。

位在與球不同側的防守球員❸要在梯形區域中待命，以便保護籃框。

一定要 注意！

攻守之間的迅速轉換很重要！

進攻與防守之間的轉換，就叫攻守轉換，尤其籃板球的重要性足以大幅影響勝負。防守方搶到籃板球就要馬上發動快攻，相反地，籃板球被搶走就要馬上回到自己球隊的半場（回防），這是一大重點。

防守球員看到對方球員要投籃，必須馬上到籃下卡位，用背部阻擋自己盯防的球員進到籃下。

有比賽形式的練習方式嗎？

使用一半球場的鬥牛賽很有效果。

　　鬥牛賽就是二對二或三對三的形式，以少於一般比賽的人數進行的比賽。

　　由於人數較少，不只接觸到球的次數會增加，為了協助持球隊友而做出行動的次數也會增加，因此可以有效磨練比賽所需的技術。

 ## 二對二鬥牛賽

　　一隊二人的鬥牛賽，只使用一半球場。

　　分成二隊，每隊有二人，球被搶走或進球後，就攻守交換。

　　由於隊友只有一人，很容易就能掌握到傳球後該如何動作。

傳球

為了能馬上接獲隊友傳球而移動

為了讓出空間給隊友而移動

 ## 三對三鬥牛賽

　　一隊三人的鬥牛賽，比賽方式和二對二相同。

　　沒有持球的二位進攻球員，很容易就能掌握到自己該如何行動。

　　可以用繞圈跑位的方式配合隊友的運球切入，或是因應投籃而上前搶籃板球等，學著成為一位在沒有持球時，也能為隊伍做出貢獻的球員。

運球切入

繞圈跑位

練習時可以命中的罰球，
要怎麼做才能避免在比賽中失去準頭呢？

🏀 避免在比賽中因緊張而投籃失去準頭的方法

和隊友一起做！
中場休息
HALF TIME

在一分都不容有失的情況下，特別是罰球的時候，即便是職業選手也會因此而緊張。那麼究竟該怎麼做，才能在比賽的緊張感中，像平時練習一樣投籃呢？

靠著練習讓身體記住成功投進的感覺

練習中的失敗無關勝負，所以不會太過在意失誤；但在比賽時，會因為有「萬一投偏怎麼辦？」而產生害怕失誤的想法，無法像平時一樣投籃。

練習的目的除了磨練技術，也是為了培養不怕失誤的自信。在專注練習時，試著反覆感受「投籃命中」的感覺吧！此外，也要培養隨時都能在心中告訴自己「這麼努力練習，肯定能投進」的習慣。

罰球以準備動作輔助

日本知名旅美職棒球員鈴木一朗有一個廣為人知的習慣，每次當他站上打席，都會做出相同的動作。這個動作被稱為「準備動作」，據說可以讓他冷靜下來，喚起自信。因此，比賽時進行這種準備動作，能幫助他發揮平時的實力。

在少年籃球比賽中要罰球時，這一招也很有用。可以創造一套自己的規則，比方說「先讓球落地彈跳一次，再準備投籃」等，透過練習練到滾瓜爛熟，等到比賽時，再驗收成果吧！

Q6 的答案　算對方球隊得分。

喂！

太讚啦！勝利的滋味果然特別美妙。

讚啦！

陸也，幹麼啊？不要一直瞪著他，有意見就說啊！

怒

怒

盯⋯

噫呼呼呼

請⋯請問⋯

176

受不了！你什麼話都不講，鬼才會懂！

欽

砰

咚

隊長你在做什麼啊？

姊，很痛吔……

隱隱作痛

嗚喔

什麼，你們是姊弟？

對。別看他這張臉，其實他超內向，又很不會說話。

選少年籃球的俱樂部時也是，說什麼「不好意思和姊姊參加同一個」，所以跑大老遠加入和我不同的俱樂部。

姊……姊姊？

他在家裡，一天到晚碎碎念說，不知要怎做才能和一輝當朋友。

姊姊……

唉唷，和他一起打籃球不就好了嗎？

房間

是……是陸也說的？

陸也不小心在籃下用力撞倒優學弟的那天也是這樣。

去啊！！

他常常遭到誤會呢！

啊！就是在街頭籃球場上……

陸也……

……不過，謝謝你的邀請

我也有總是支援著我的重要朋友在身邊。

這樣啊……

下次我們不會輸的……

期待下次再和你們交手！

笑

呵

182

少年籃球的規則

少年籃球是很單純的運動，只要將球投進對方球籃得分就對了。
不過，當中有許多必須遵守的規則，我們一起記住正確的規則吧！

關於比賽

比賽時間

　　少年籃球的比賽以中場休息時間為分界，分成各十二分鐘的前、後半場，每半場再分為各六分鐘的兩節，比賽時間為六分鐘×四節共二十四分鐘。

　　在兩個六分鐘節之間，有中間休息。每節之間都有休息時間，按照規定，中間休息時間是一分鐘，中場休息時間是五分鐘。半場後比賽雙方須換場。

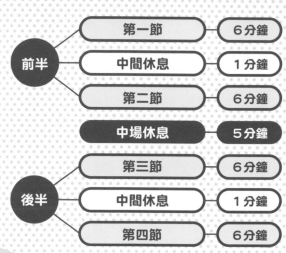

前半	第一節	6分鐘
	中間休息	1分鐘
	第二節	6分鐘
	中場休息	5分鐘
後半	第三節	6分鐘
	中間休息	1分鐘
	第四節	6分鐘

換人

　　一支隊伍的人數為五位上場球員，加上替補球員五至十人。換人的時機僅限於中間休息、中場休息與第四節的暫停時間。

　　為了讓更多球員上場比賽，依規定到第三節結束為止，要有十位以上的球員至少上場一節，最多不超過兩節。

得分

投籃

2分

比賽進行期間
投籃命中得2分。

罰球

1分

一般被犯規後進行的罰球為
1分×2球，進算加罰（→P.191）
則是1分×1球。

球場大小與名稱

一起記住少年籃球比賽球場的各部位名稱吧！

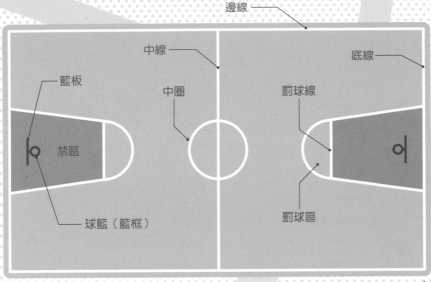

- 邊線
- 中線
- 籃板
- 中圈
- 禁區
- 罰球線
- 底線
- 球籃（籃框）
- 罰球區

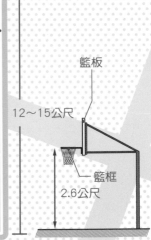

- 籃板
- 籃框
- 12～15公尺
- 2.6公尺

22～28公尺

比賽進行方式

比賽只有第一節是以中圈跳球開始。

第二、三、四節都是按照固定的順序擲界外球（→P.191）。

跳球爭搶裁判拋起的球。跳球的球員須以指尖將球撥往對方球員的方向。

當球跑到球場外，或是持球球員踩到底線或邊線，則比賽中斷，判對方隊伍擲界外球。

得分時，被得分的隊伍從籃下擲界外球，比賽重新開始。

從裁判手中接過球的五秒內要將球發出。擲界外球的時候可以踩在線上，但注意不要踩過線。

比賽中的犯規

什麼是犯規

　　違反規定的身體接觸，就是侵人犯規（犯規）。一旦犯規，就會判對方隊伍罰球或擲界外球。

　　犯規次數都會被記錄下來，同一選手在一場比賽中犯滿五次就要離場。此外，全隊的犯規次數在一節內超過五次後，每一次犯規就會判對方隊伍罰兩球。

　　除了侵人犯規以外的犯規，還有言語騷擾對手等，這類違反運動精神的舉動被視為技術犯規；故意激烈碰撞對手，則被視為違反運動道德犯規，判對方隊伍擲界外球。

犯規時的狀況

■ 推人犯規 ■ 非法手部動作 ■ 拉人犯規 ■ 撞人犯規 ■ 阻擋犯規 ■ 絆人犯規	對方出手投籃時 →	○判對方球隊罰兩球。 ○球若投進，就算對方隊伍得分，並加罰一球。
	投籃以外的時候 →	○判對方隊伍擲界外球，重新開始比賽。
■ 全隊在一節內犯規超過五次	→	○不管對方是否進入出手動作，都判對方隊伍罰兩球。
■ 一位球員在一場比賽內犯規超過五次	→	○犯規球員離場。

186

主要的犯規種類

推人犯規

用手或身體部位推擠對手，就會形成推人犯規。容易發生在搶籃板球，或是在籃下卡位的時候。

非法手部動作

用手拍打對方等動作妨礙對手行動時，會被判此犯規。容易發生在搶球、封阻投籃時沒碰到球，反而碰觸到對方的手或身體的情況。

拉人犯規

拉扯對方、抓住對方手臂等動作妨礙對方行動，則形成拉人犯規。防守球員面臨即將被運球突破的狀況，有時會不由自主抓住對手。

撞人犯規／阻擋犯規

進攻球員衝撞防守球員是撞人犯規，反之，防守球員衝撞進攻球員則是阻擋犯規。

絆人犯規

故意伸腳害對方站不穩或是絆倒，會被判此犯規。容易發生在追逐運球的對手時，或是籃下這種人多密集的地點。

技術犯規

針對裁判的判決或對方隊伍發出怨言等，這類忽視運動精神的行為會形成技術犯規，判對方隊伍罰兩球後擲界外球。

什麼是違例

　　肢體碰撞以外的違規行為，一概統稱為違例。違例包括三十秒規則等時間限制方面的違規行為，以及走步等關於用球的違規行為。

　　違例時比賽中斷，由對方球隊擲界外球，重新開始比賽。

違例時的狀況

●關於時間
・三十秒規則
・三秒規則
・五秒規則

●關於用球
・二次運球
・走步
・腳踢球

○由對方隊伍擲界外球重新開始比賽。
○不管違反多少次都不會因此離場。

干擾球

　　所謂的干擾球，就是投出的球已經開始從最高點往下降，還無法確定是否會落入籃框的這段期間，有球員觸及球體。

　　球處在這種狀態時，無論進攻方或防守方都不可以觸碰。若是進攻方違例，即使進球也不算分；若是防守方違例，無論有無進球都算對方得分。

干擾球的情況

 ■ 進攻方干擾球 ➜ ○無論有無進球，都不算分。
○防守方擲界外球重新開始比賽。

 ■ 防守方干擾球 ➜ ○無論有無進球，都算進攻方得分。

一定要學會的知識！少年籃球的規則

主要的違例種類

三十秒規則

進攻隊伍取得控球權後，必須在三十秒內出手（球要碰到籃框）。若再次取得已碰到籃框的球，就重新計算三十秒。

三秒規則

籃框附近的禁區被又稱限制區（包含線上），進攻球員不可在此區域內停留超過三秒。只要在三秒之內離此區域，便可再次進入。

五秒規則

在球場內持球狀態下，五秒內未能做出任何行動，如傳球、運球、投籃，以及未在五秒內擲出界外球或罰球時，即形成此違例。

三次運球

雙手同時拍球，或是停止運球後再次開始運球，即形成此違例。此外，運球時手觸碰球的下半部，即形成不合法的運球違例。

走步

持球走三步以上，即形成此違例。如果是接到球時踏出的第一步當作軸心腳，第二隻腳自由移動的旋轉步（→P.28）則不算違例。

腳踢球

為了攔阻對方的傳球而故意用腳踢球，或用腳擋住即將出界的球，即形成此違例。但是，腳不小心碰到球的情況下不算違例。

少年籃球的用具

打少年籃球，只要有球和球籃（籃框）就可以一個人練習。
在這裡向大家介紹的，是比賽時必備的用具。

籃球

少年籃球使用的球是 5 號球。
圓周 69-71公分
重量 470-500公克

選球鞋須確認的重點

必須選擇合自己腳的籃球鞋，
否則很容易受傷。在運動用品
店量好腳的大小後，再試穿鞋
子。購買之前，記得先確認下
圖的重點。

開口部分不會磨
腳踝，也不會對
腳背造成
壓迫。

貼合腳跟。

腳尖不會
頂到底。

貼合足弓。

腳趾踏地的部分
要能柔軟彎曲。

適合自己的
腳圍（腳最
寬部分整圈
的長度）。

適合自己的腳長
（從拇趾趾尖到
腳跟的長度）。

貼合腳跟。

衣著

在隊上會跟大家穿同
一套制服。
上半身大多是無袖，
下半身是籃球褲。

籃球鞋

籃球鞋的整個鞋底都採用
防滑材質，且為了吸收跳
躍時的衝擊而做成厚底。
此外，腳踝與鞋跟部位都
做得很牢固。

少年籃球鞋範例

依據少年籃球球員的腳型與動
作分析，以合腳舒適為目標所
生產出的球鞋。

協助／亞瑟士股份有限公司

一定要記住！籃球用語解說

在此介紹籃球練習、比賽中的常用術語，以及電視上比賽轉播與報章雜誌上的常見用語。

 2畫

●入盯人
每個球員都負責一位對方球員，一對一盯防的防守戰術。

 5畫

●出界
球或持球球員離開球場範圍。

●外線投籃
禁區外的中距離投籃與遠距離投籃。

●失誤
因被抄截或進攻犯規等因素，導致球權交給對手。

●犯滿
個人犯規達到五次而離場。

 6畫

●交換防守
兩位防守球員交換各自盯防的對象。

●助攻
傳球給隊友，讓隊友能成功投籃得分。

●快攻
球一落到隊友手中，就搶在對方的防守陣式成形前，迅速取得投籃機會的進攻戰術。

●快傳
一接到球馬上傳球。

●抄截
防守球員搶走對手的球。

 12畫

●無人看守
進攻球員沒有受到任何人防守的狀態。

●進算加罰
若出手時受到犯規依然進球，不只算進攻方得分，還會再加罰一球。

 14畫

●蓋火鍋
用手拍掉對手的投籃。

 17畫

●聲東擊西傳球
在不看傳球對象的情況下傳出球。

 18畫

●擲界外球
因出界或犯規等因素使比賽中斷的時候，由對方球員從底線或邊線外將球擲入場內。

●雙人包夾
針對持球球員，由兩位防守球員上前夾擊或包圍的防守方式。

●雙方均無持球權
球權不屬於任何一支隊伍的狀態。

 20畫

●籃外空心球
出手後，沒有碰到籃板、籃框等任何一處的球。

●籃板球
出手未進而彈出來的球。此外，也指在這種情況下取得的球。

漫畫 松野千歌

熱愛富有童趣作品的兒童漫畫家。以〈網球宅☆〉獲得第67屆小學館新人漫畫大獎（兒童部門）佳作。目前於《快樂快樂月刊》（小學館）創作兒童漫畫，也在《小學一年級生雜誌》（小學館）創作。

翻譯 陳姿瑄

國立臺灣大學日本語文學系畢業，在小熊出版的翻譯作品有：《經典圖像小說：莎拉公主》、《經典圖像小說：湯姆歷險記》、《經典圖像小說：阿爾卑斯山的少女》、《經典圖像小說：羅密歐與茱麗葉》、《經典圖像小說：三劍客》、《經典圖像小說：銀河鐵道之夜》、《小學生志願指南：長大後你想做什麼？立定志向從現在開始！》、《就是愛打棒球！讓你技巧進步的漫畫圖解棒球百科》、《就是愛踢足球！讓你技巧進步的漫畫圖解足球百科》。

監修 鈴木良和（ERUTLUC）

「籃球家庭教師」（http://www.basketballtutor.com/）代表董事。提倡透過籃球成為「能力所及最好的自己」，根據這個理念為球隊與個人提供指導。在《青少年籃球雜誌》（BASEBALL MAGZINE社）連載文章，也活躍於其他媒體上。

審訂 王承文

高雄人，畢業於淡江大學大眾傳播系。曾任麗台運動報記者、HOOP TAIWAN總編輯，現任DJ HOOP總編輯、籃球球評。從十歲開始喜歡上籃球，對於這顆橘色皮球有著高度狂熱，從少年籃賽看到美國職籃。兩個孩子的爸爸，希望一輩子都能從事籃球寫作。
臉書粉絲專頁：丹尼話hoop籃

童漫館
讓你技巧進步的漫畫圖解籃球百科
就是愛打籃球！

漫畫／松野千歌
監修／鈴木良和（ERUTLUC）
編劇‧編輯協助／Office Idiom有限公司
解說插圖／宮原美香、玉田真生
協助／藪野展也、藤異秀明、arie、Hiroe、sonoe、
　　　沼袋籃球隊、亞瑟士股份有限公司
裝訂‧設計／修水〔Osami〕
翻譯／陳姿瑄
審訂／王承文

參考資料

《簡單易懂的少年籃球規則》（（財）日本籃球協會）
《助你邁向頂尖的少年籃球教學》（學習研究社）

總編輯：鄭如瑤｜文字編輯：姚資竑｜美術編輯：莊芯媚｜印務經理：黃禮賢
社長：郭重興｜發行人兼出版總監：曾大福｜出版與發行：小熊出版．遠足文化事業股份有限公司
地址：231 新北市新店區民權路 108-2 號 9 樓｜電話：02-22181417｜傳真：02-86671851｜劃撥帳號：19504465
戶名：遠足文化事業股份有限公司｜客服專線：0800-221029｜E-mail：littlebear@bookrep.com.tw
Facebook：小熊出版｜讀書共和國出版集團網路書店：http://www.bookrep.com.tw
法律顧問：華洋法律事務所／蘇文生律師｜印製：凱林彩印股份有限公司
初版一刷：2017 年 12 月｜初版十三刷：2023 年 1 月｜定價 420 元｜ISBN：978-986-95576-5-8

Umakunaru Mini-basketball
© Gakken Education Publishing 2015
First published in Japan 2015 by Gakken Education Publishing Co., Ltd., Tokyo
Traditional Chinese translation rights arranged with Gakken Plus Co., Ltd.
through Future View Technology Ltd.

國家圖書館出版品預行編目 (CIP) 資料

就是愛打籃球！讓你技巧進步的漫畫圖解籃
球百科／松野千歌漫畫，鈴木良和監修；陳姿
瑄翻譯. -- 初版. -- 新北市：小熊出版：遠足
文化發行，2017.12
　面；　公分. -- (童漫館)
ISBN 978-986-95576-5-8 (精裝)
1. 籃球 2. 漫畫

528.952　　　　　　　　　　106018602